RAISONS COMMUNES

DU MÊME AUTEUR

PHILOSOPHIE ET SCIENCE DE LA CULTURE

Le Lieu de l'homme, Montréal, Éditions HMH, 1968.

La Dialectique de l'objet économique, Paris, Éditions
Anthropos, 1970. (Traduction espagnole.)

Chantiers, Essais sur la pratique des sciences de l'homme,
Montréal, Éditions HMH, 1973.

Les Idéologies, Paris, Presses universitaires de France, 1974.
(Traduction espagnole.)

L'Anthropologie en l'absence de l'homme, Paris, Presses
universitaires de France, 1981.

Le Sort de la culture, Montréal, Éditions de l'Hexagone, 1987.

ÉTUDES QUÉBÉCOISES

L'Analyse des structures sociales régionales (avec Yves Martin),
Québec, Presses de l'Université Laval, 1963.

La Vigile du Québec, Montréal, Éditions HMH, 1971.
(Traduction anglaise.)

Genèse de la société québécoise, Éditions du Boréal, Montréal,
1993.

ÉTUDES RELIGIEUSES

Pour la conversion de la pensée chrétienne, Montréal, Éditions
HMH, 1964; Paris, Éditions Mame, 1965.

L'Institution de la théologie, Montréal, Éditions Fides, 1987.

POÈMES

L'Ange du matin, Montréal, Éditions de Malte, 1952.

Parler de septembre, Montréal, Éditions de L'Hexagone, 1970.

Fernand Dumont

RAISONS COMMUNES

Boréal

COLLECTION PAPIERS COLLÉS

Les Éditions du Boréal sont inscrites au Programme de subvention globale du Conseil des Arts du Canada.

Conception graphique : Gianni Caccia
Photo de la couverture : Ronald Maisonneuve

Diffusion au Canada : Dimedia
Distribution et diffusion en Europe : Les Éditions du Seuil

Données de catalogage avant publication (Canada)

Dumont, Fernand, 1927-

Raisons communes

(Collection Papiers collés)

ISBN 2-89052-665-8

1. Nationalisme - Québec (Province). 2. Québec (Province) - Histoire - Autonomie et mouvements indépendantistes. 3. Démocratie - Québec (Province). 4. Droit des peuples à disposer d'eux mêmes - Québec (Province). I. Titre.   II. Collection.

FC2925.9.N3D85 1995   320.5'4'09714   C95-940102-4
F1053.2.D85 1995

François Dumont, Cécile Lafontaine, Yves Martin, François Ricard ont lu le manuscrit de cet ouvrage et m'ont fait part de pertinentes remarques ; Ghislaine Marois a dactylographié le texte ; à tous, ma cordiale gratitude.

Les législateurs de la Chine [...] voulurent que les hommes se respectassent beaucoup, que chacun sentît à tous les instants qu'il devait beaucoup aux autres, qu'il n'y avait point de citoyen qui ne dépendît, à quelque égard, d'un autre citoyen. Ils donnèrent donc aux règles de la civilité la plus grande étendue.

MONTESQUIEU,
De l'esprit des lois, livre XIX, ch. XVI.

AVANT-PROPOS

Chaque fois que reviennent les jours gris, que le devenir prend une couleur monotone et que la politique piétine d'impuissance, on se prend à rêver de quelque sursaut qui remette l'histoire en marche. Au Québec, on se remémore alors avec nostalgie les années de la Révolution tranquille, l'émancipation des esprits, le rajeunissement de l'État, les réformes de l'éducation, les grandes mesures sociales... Certains en appellent à de nouveaux projets collectifs, pour reprendre un vocable naguère très prisé mais dont la saveur s'est édulcorée.

De fait, les problèmes se multiplient qui demanderaient mobilisations et planifications. Si les distinctions entre les anciennes classes sociales se brouillent, notre société n'en devient pas pour autant plus égalitaire. Au début de 1994, on dénombre au Québec 750 000 assistés sociaux et 400 000 chômeurs; 130 000 travailleurs reçoivent tout juste le salaire minimum; une personne sur quatre est un analphabète fonctionnel; 40 000 jeunes quittent l'école chaque année avant d'obtenir le certificat d'études secondaires. Les marginaux du progrès se multiplient. Encore mobilisatrices il y a peu, les idéologies sommeillent. On parle, il est vrai, d'un renouveau du libéralisme; en réalité, il ne s'agit pas du remplacement d'une idéologie par une autre, mais de la disqualification des vues d'ensemble au profit de l'État gérant.

En même temps on observe une désaffection croissante pour l'allégeance aux grandes institutions: aux Églises, aux syndicats, à la politique. Le décalage s'accentue entre le langage officiel et les problèmes nouveaux qui surgissent. Partout se répand le cynisme des citoyens envers les hommes de pouvoir. Des factions sans envergure, pauvres de visions et de diagnostics, ne servent plus de plates-formes pour des engagements sociaux sérieux. Au surplus, l'humeur avec laquelle nous abordons nos difficultés n'est pas rassurante; bien des gens plaident pour des libérations de toutes sortes avec des rictus, une intolérance, des invectives qui donnent parfois à penser que le mot liberté, *dans leur bouche, est un lapsus. Nous faisons souvent de même pour la mémoire collective: tout ce qui s'est passé avant 1960, c'est de l'idéologie, de la colonisation, de l'agriculturisme, sinon du racisme. Nous voilà nippés de neuf, mais on a un peu de mal à s'y reconnaître.*

Il n'est certes pas vain de convoquer à de nouvelles mises en chantier. Ajouter une liste aux entreprises d'hier ne sera cependant pas suffisant. Le sentiment d'impuissance actuellement dominant laisse percer un embarras préalable qui concerne le travail commencé avec la Révolution tranquille et qui n'est pas achevé.

Aux lendemains de la dernière guerre, plus ouvertement à partir de 1960, il ne fallait pas seulement se débarrasser du régime de M. Duplessis mais se délester d'un très vieil héritage. Depuis un siècle, la vie publique avait été dominée par le patronage *politique et le contrôle clérical; la survivance tenait lieu de vocation officielle. C'est la société civile que l'on devait réaménager, et pas seulement l'État. Le remaniement des institutions a pris raison d'être dans l'anticipation d'un nouvel espace public. C'est ce projet collectif qui a commandé tous les autres et qui nous paraît menacé à l'heure présente.*

*On voulait, en ces années-là, donner un nouveau sens à
la vie commune. Sans doute, pour y arriver, devait-on
abolir l'arbitraire dont les instances politiques avaient
l'habitude, combattre des intérêts et contester des censures.
Toutes initiatives nécessaires mais qui supposaient deux
postulats essentiels : que la société ne se réduit pas aux
échanges sur des marchés ni à la division du travail ;
qu'elle est un partage d'idéaux qui donnent au plus grand
nombre le sentiment de participer à l'édification de la Cité.*

*Entre la société civile, où les individus s'affairent à des
intérêts privés, et l'État, qui met ses organismes et ses
experts à leur service, la communauté est l'indispensable
médiation politique qui confère le statut de citoyen,
d'acteur historique. Tandis que les régimes totalitaires
reposent sur la contrainte, les régimes démocratiques se
réclament de la légitimité. Celle-ci est garantie par des
élections, la responsabilité ministérielle, la constitution et
les déclarations des droits. Plus importante encore est la
confiance dans les institutions. L'habitude aidant et les
apparences sauvegardées, cette confiance s'érode sans
qu'on y prenne garde. La vigilance est le prix des libertés
publiques, et elle est œuvre de culture ; si elle n'exclut pas
les conflits, si même elle y puise vitalité, elle requiert
néanmoins un consensus quant à ses conditions d'exercice,
un consensus perpétuellement à refaire. Telle était, il me
semble, la conviction qui fut à l'origine de la Révolution
tranquille. Elle a suscité les projets divers dont on éprouve
aujourd'hui quelque nostalgie ; elle inspire le présent
ouvrage.*

*Dans ce bref essai de philosophie politique, je m'attache
en effet à ces* raisons communes *susceptibles d'inspirer le
projet d'une société démocratique. Si je n'y traite pas de
toutes les graves difficultés qui exigent examen et
engagements, ce n'est point pour m'évader dans les sphères
que l'on dit parfois éthérées du nationalisme, de la culture
ou des principes ; j'ai publié récemment, avec des
collègues, un énorme ouvrage sur les problèmes sociaux*

auquel je me permets incidemment de renvoyer le lecteur[1]. Pour l'heure, je m'en tiens à des préalables. Car la prise en charge des problèmes, en particulier celui de l'exclusion, met d'abord en cause la qualité de la vie collective, sa capacité de former des citoyens, la teneur pédagogique de sa culture. J'ai puisé à certains de mes articles rédigés au cours des ans, en procédant librement à des amputations et à des raccords[2]; mais une grande partie du texte a été écrite pour le présent ouvrage. J'ai écarté des réflexions de caractère technique qui trouvent ailleurs leur pertinence. La société démocratique étant ici la préoccupation centrale, la démarche doit demeurer proche de la place publique et ne pas trop bousculer ce sens commun que Descartes, non sans une secrète ironie, disait largement répandu.

1. Fernand Dumont, Simon Langlois et Yves Martin (sous la direction de), *Traité des problèmes sociaux*, Québec, Institut québécois de recherche sur la culture, 1994.
2. Des extraits d'articles publiés dans *Le Devoir, Maintenant, L'Action nationale*; deux articles parus dans *Possibles* et *Relations*; la préface de l'édition anglaise de *La Vigile du Québec* (Toronto University Press); une conférence à un congrès de la CEQ; le chapitre liminaire de *La Société québécoise après trente ans de changements* (IQRC); un bref texte sur André Laurendeau tiré d'un ouvrage collectif (*André Laurendeau*, Presses de l'Université du Québec).

I

APRÈS LA RÉVOLUTION TRANQUILLE

À retourner à des années en arrière, à se remémorer les bouleversements qui ont affecté notre société, un homme de mon âge pourrait répéter la phrase de Michelet commençant à écrire l'histoire de son siècle : «L'allure du temps a changé. Le temps a doublé le pas d'une manière étrange.» Au point, ajouterai-je, que nous sommes désemparés lorsque nous essayons de dégager les lignes de force de cette mouvance.

Une société ne se présente pas à nous comme un objet auquel il suffirait d'appliquer des théories et des méthodes. Fussent-elles armées de toutes les précautions, nos interprétations prennent la suite de celles que la société elle-même produit. Certes, nous ne devons pas nous faire l'écho de ces idéologies; nous en sommes cependant tributaires. Arriverions-nous à nous en libérer tout à fait, à quoi serviraient des vues de Sirius aux sociétés que nous étudions ? Si nos interprétations dépendent des idées qui circulent, nous devons nous interroger sur les capacités et les empêchements de la collectivité à se définir et à se donner des objectifs de développement. Voici donc ce qui serait un bon point de départ : selon quelles conditions, héritées du passé, remaniées au cours des trente dernières années, la société québécoise comprend-elle son cheminement ? En quoi ces conditions permettent-elles, entravent-elles aussi la reprise de l'analyse ?

Du rêve au désenchantement

La Révolution tranquille a été précédée par un prodigieux

travail d'interprétation. Surtout à partir de la Deuxième Guerre mondiale, la critique s'est étendue à tous les domaines de la vie collective; les projets ont foisonné en conséquence. Pour une part, le remaniement accéléré des institutions dans les années 1960 n'aura été que la suite de cette entreprise d'examen et de planification. D'autres idéologies, d'autres programmes plus radicaux ont surgi ensuite. Pris à la lettre, ils ont paru contredire le premier mouvement; en fait, ils en ont été l'une des conséquences. Une période de croissance économique y a puissamment aidé, ne l'oublions pas.

L'interruption de cette production d'analyses et de projets est maintenant l'indice le plus patent de la fin de la Révolution tranquille. On parle encore de *social-démocratie*; l'expression est usée, et on ne l'emploie plus que par convenance. Les mouvements sociaux, les Églises se sont faits discrets. Les sciences sociales, dont les ouvriers sont pourtant nombreux, ont éclaté en de multiples directions et sont utilisées, en bien des cas, comme adjuvants à la régulation des institutions. La société québécoise est en panne d'interprétation. Certains se réjouissent; d'autres se désolent. Plutôt que de prendre parti, il vaut mieux se demander en quoi cette oscillation d'un pôle à un autre comporte des conséquences qui nous importent aujourd'hui.

La Révolution tranquille, je le rappelais à l'instant, a été précédée par une floraison de critiques et de projets qui ont cristallisé en institutions nouvelles. Celles-ci ont été largement improvisées; comment aurait-on brisé autrement un long gel historique? Nous n'allons pas nous en repentir. Néanmoins, on se défend mal contre l'impression que ces institutions, implantées il y a peu, ont peine à assumer les nouveaux problèmes et à éclairer l'avenir. Elles paraissent impuissantes à surmonter les effets pervers qu'elles ont engendrés. Fruits d'un effort de compréhension de notre milieu, elles en gênent aujourd'hui l'interprétation.

Nous avions édifié un système d'éducation tout neuf qui devait accélérer la scolarisation des jeunes et même des adultes. Les objectifs et les modalités avaient été abondamment définis par une commission royale; la mise en œuvre a été menée avec célérité. Or nous ne savons plus très bien quels sont les objectifs du système, et la minceur des procédures d'évaluation empêche d'en vérifier la qualité. On ne s'entend même pas sur la conception de la *culture scolaire*. Notre politique de la santé, notre politique de bien-être ont fait aussi l'objet d'une ample planification au cours des années 1960. On y décèle de semblables difficultés : crise des objectifs, là encore ; crise des ressources aussi. Le vieillissement de la population et les progrès des technologies exigeraient pour les prochaines années des virages majeurs. Toute notre politique sociale est en cause. Des mesures coutumières sont désuètes, qu'il s'agisse des allocations familiales ou des allocations de chômage qui, avec le temps, ont fini par ne plus correspondre aux intentions initiales, quand elles ne les contredisent pas. Nombreux sont ceux qui pensent qu'il faudrait reprendre à neuf les conceptions et les stratégies, qu'une politique des revenus serait à redéfinir en fonction des nouvelles situations et des changements survenus dans les stratifications sociales depuis trente ans.

Quels sont les points d'appui qu'offre notre société pour le travail de réorientation ? Pendant la Révolution tranquille, l'État a assumé la fonction d'entraînement et de support que l'on sait. On lui reproche maintenant de naviguer à vue en contournant péniblement les obstacles qui se présentent. L'accusation appelle des nuances. Dans les années 1960, l'État a pu exercer une responsabilité jusqu'alors inédite parce que la population l'appuyait ; la continuité de la croissance économique a compté pour beaucoup dans ce consentement, de même que le souvenir d'une longue hibernation. Où sont maintenant les impulsions propres à revigorer l'appareil étatique ? Au reste, le constat d'impuissance que l'on porte sur l'État devrait être appliqué à l'ensemble des organisations qui régissent la vie collective. Que sont devenus les grands desseins des mouvements sociaux, de tant d'artisans de la Révolution tranquille ? Les politiques et les idées ne tournent-elles pas un peu partout autour de la gestion, du corporatisme, de la bureaucratie ? L'État administre, dit-on. Partout on administre. Jean-Claude Leclerc écrivait dans *Le Devoir* : «On paraît moins capable qu'auparavant de faire fonctionner des hôpitaux, des services de transport, des écoles... pour ne rien dire d'Hydro-Québec. On n'a jamais eu autant d'administrateurs, et si peu d'administration.» Nous n'avons plus d'administration parce que les tentatives de la Révolution tranquille se sont perdues en cours de route ou se sont tournées vers d'autres fins. Il est possible de gonfler de gestionnaires n'importe quelle institution ; mais l'administration suppose que les institutions soient aussi des projets.

Pourquoi les projets se sont-ils taris ? Sans doute parce que des institutions forcément improvisées, quand elles s'implantent dans l'histoire, en subissent les contrecoups et engendrent, à leur tour, des problèmes nouveaux. Ratages et contradictions sont inévitables. Il y a une autre raison : par-dessous la marche des institutions officielles, et à mesure que celles-ci se replient sur leurs régulations internes, la transformation des genres de vie et des mœurs déroute les interprétations qui y ont donné naissance. Les idéaux qui servent de garantie ou d'alibi à nos grandes institutions remontent à un état de société où les pratiques quotidiennes et les valeurs professées conféraient aux utopies un contexte qui a radicalement changé depuis lors.

De nouveaux problèmes

Ces changements, que contribue à masquer la lourdeur bureaucratique des institutions chargées de les interpréter, nous avons peine à les comprendre et à leur trouver des issues.

Le problème de la langue ne paraît plus soulever beaucoup de passion. Ne l'abordons-nous pas quelque peu en surface ? Depuis le XIXᵉ siècle, au Québec, il n'y a pas que deux langues, le français et l'anglais; deux sociétés y coexistent. Chacune dispose de ses institutions, de l'enseignement aux médias en passant par les services sociaux; chacune a édifié ses réseaux de solidarité, de recrutement, d'entraide. Des interférences existent; la cohabitation est la règle. La langue n'est qu'un des facteurs de tensions et de conflits où elle joue le rôle de symbole. L'immigrant sait fort bien qu'il n'a pas seulement à choisir une langue, mais l'une des deux sociétés; fréquenterait-il un temps l'école française, apprendrait-il notre langue, lui imposerions-nous le français en vitrine, les motifs de son adhésion ou de son refus définitif mettent en cause le Québec dans sa structure. Il semble qu'un peuple aux proportions modestes comme le nôtre, minoritaire en Amérique par la singularité de sa langue et de sa culture, n'offre pas aux immigrants un visage bien attirant. Des études, malheureusement rarissimes, nous font entrevoir que, lorsqu'ils sont amenés à faire face non pas seulement à notre langue, mais à nos manières de vivre, ils nous révèlent à nous-mêmes. On parle souvent d'accueil aux immigrants avec les accents pieux qui conviennent; il serait utile d'aller plus loin, de nous regarder dans le miroir qu'ils nous tendent. Cela aussi contribue à l'interprétation de ce que nous sommes.

La Révolution tranquille a bouleversé des institutions; plus encore, elle a été une mutation des mœurs et des idéaux. La crise de la famille en fournit l'un des symptômes les plus évidents et les plus ambigus. Une culture tire sa vitalité du peuple qui s'y exprime : c'est dans cette perspective qu'il convient de situer la crise démographique qui sévit au Québec. Elle s'explique par plusieurs causes, et qui touchent à toutes les dimensions de la vie collective : à l'ébranlement de l'institution familiale, à la distribution des revenus, aux changements dans les genres de vie. En ce sens, on peut la considérer comme le lieu de déchiffrage de bien d'autres problèmes. Le vieillissement de la population comporte des incidences économiques; il va influer sur les représentations sociales, entraver l'innovation que promettait auparavant le renouvellement des générations jeunes. Il se crée subtilement un climat de piétinement, de repli sur les acquis. Il m'arrive de penser que la société québécoise redevient conservatrice. C'est entendu, la liberté d'opinion, la faculté de prôner ses options, le pluralisme des genres de vie sont des conquêtes assurées. Nous avons éliminé les idéologies officielles d'avant la Révolution tranquille. Néanmoins, cette liberté des mœurs dissimule mal un immobilisme des structures, un assoupissement de la volonté de changement. L'obsession de la gestion est le signe le plus clair de ce nouveau conservatisme; il paralyse les institutions, il engourdit la collectivité tout entière.

On s'en souvient: la Révolution tranquille n'était pas seulement inspirée par les principes de la rationalité technocratique qui a donné lieu à des aménagements d'organisations plus modernes; elle était animée par un incontestable désir de justice sociale. Depuis lors, il s'est produit des déplacements des inégalités, de la pauvreté et de l'oppression. Certaines régions du Québec s'enfoncent dans le sous-développement pendant que d'autres connaissent la croissance. La césure n'est pas que régionale. On la discerne entre deux populations: celle qui, pourvue de privilèges et de mécanismes corporatifs de défense, représente le progrès et les conceptions de vie qui l'accompagnent; celle qui, menacée par l'invasion du chômage, sans abri syndical, ne concorde pas avec le visage officiel que les nantis imposent à notre société. Il y a une autre césure encore, de générations celle-là: des jeunes tâtonnent aux portes d'emplois que gardent jalousement les aînés... Je passe trop vite sur un repérage des soubassements d'une société que nous parvenons mal à tenir dans la pleine lumière de l'examen politique.

Pourquoi n'y arrivons-nous pas? Ne serait-ce pas, avant tout, parce que le pouvoir d'interpréter est inégalement réparti? À la surface de la vie collective, il est facile de s'en rendre compte : certains groupes sont mieux organisés que d'autres pour faire valoir leurs idées et leurs intérêts ; des élites influent sur l'opinion publique. Le pouvoir d'interpréter, le pouvoir de définir ont des sources profondes. C'est dans cet antre caché de l'histoire que se profilent les blocages et les dérives ; et c'est là que se profile la difficile question des classes sociales.

J'avoue mon étonnement. Au cours de la Révolution tranquille, on parlait beaucoup des classes sociales ; c'était le thème privilégié de bien des enseignements dans les cégeps et les universités, de plusieurs articles et ouvrages. Un temps, des mouvements sociaux, des organismes syndicaux ont emboîté le pas avec ferveur. La vogue du marxisme aidant, la lutte des classes paraissait prendre forme. Et puis, sur les classes sociales, le silence s'est établi. À mes risques et périls, je prendrai exemple dans certains courants du mouvement féministe. Entre la femme devenue présidente d'une société d'État et la caissière du centre commercial, la solidarité est postulée ; entre la professeure d'université et sa femme de ménage, une mystérieuse similitude semble aller de soi. À cet exemple, on pourrait en ajouter d'autres : la supposée homogénéité des *travailleurs* réunis par les centrales syndicales, les droits de la personne brandis partout sans que l'on tienne compte des inégalités de situations qui ont des causes collectives.

En pénétrant dans la zone obscure des classes sociales, on provoque inévitablement ce que les psychanalystes appellent, d'un mot suggestif, la *résistance*. On ne pointe pas que le désir banal du pouvoir, mais la source des valeurs prédominantes dans une société. Par leur place dans les mécanismes de décision, par leurs modes de consommation, par toutes leurs pratiques, des ensembles d'individus insinuent dans le quotidien des conceptions de la vie combinées à des objectifs sociaux.

Depuis la Deuxième Guerre mondiale, les classes moyennes ont connu une extraordinaire extension, avec l'élargissement des occupations de services et d'administration.

Ces classes moyennes ne sont pas homogènes ; c'est pourquoi on use du pluriel pour les désigner. L'une d'entre elles est d'émergence récente. La plupart des individus qui s'y rattachent ont un degré de scolarisation élevé, davantage que bien des gens de la haute bourgeoisie ; s'ils ne contrôlent pas les mécanismes ultimes du pouvoir, ils exercent des responsabilités de gestion où l'expertise est déterminante. La nécessité de gérer des institutions de plus en plus complexes exige des réseaux de compétences et de décision, des statuts privilégiés de plus en plus nombreux qui s'organisent à leur tour en corporations aux frontières astucieusement défendues. La gestion se juxtapose à la propriété comme outil d'avantages et de prestige. Dès lors, il est normal que se propagent les idéologies correspondantes. Profitant d'une prospérité économique de longue durée, la nouvelle classe moyenne a développé ces aspirations à la promotion sociale, ce culte du moi qui caractérisent l'individualisme contemporain. La grande bourgeoisie continue de commander les hautes stratégies, d'abord économiques ; c'est la nouvelle classe moyenne qui définit les valeurs dominantes de nos sociétés et qui inspire les idéologies d'à présent.

Tout reste à faire pour cerner d'un peu près la transformation des classes sociales au cours de la Révolution tranquille. J'y reviendrai plus loin, mais on y pressent déjà l'une des explications du blocage des institutions en même temps que de l'impuissance à percevoir les nouvelles formes des inégalités sociales. Il s'agit peut-être du point aveugle de l'interprétation de la société québécoise d'aujourd'hui.

En principe, quand il s'agit de résoudre nos problèmes, nous ne manquons ni des techniques ni des experts appropriés ; pour reprendre en main nos institutions et pour aborder les nouveaux défis, c'est notre faculté de lecture qu'il nous faut renouveler. Afin d'y arriver, nous devrons procéder à une levée de la censure. On a beaucoup vilipendé les magistères des temps anciens ; il est aisé de les dénoncer maintenant qu'ils ont perdu le contrôle du théâtre; il est plus difficile, plus périlleux peut-être, de se demander qui commande le nouveau spectacle idéologique. Les censeurs existent toujours, même s'ils ont changé de costume et si leur autorité se réclame d'autres justifications. Toutes les sociétés, quels que soient leur forme et leur visage, mettent en scène des vérités et des idéaux et rejettent dans les coulisses ce qu'il est gênant d'éclairer. Toutes les sociétés pratiquent la censure; ce n'est pas parce que le temps de M. Duplessis est révolu que nous en voilà délivrés. Les clichés se sont renouvelés, mais il ne fait pas bon, pas plus aujourd'hui qu'autrefois, de s'attaquer à certains lieux communs. Il est des questions dont il n'est pas convenable de parler; il est des opinions qu'il est dangereux de contester. Là où il y a des privilèges, là aussi travaille la censure. Le blocage des institutions, le silence pudique sur les nouvelles formes de pauvreté et d'injustice s'expliquent sans doute par l'insuffisance des moyens mis en œuvre, mais aussi par la dissimulation des intérêts. On n'atteint pas la lucidité sans infraction.

Des tâches à venir

À tout prendre, avec la Révolution tranquille, nous aurons franchi une étape capitale de notre cheminement historique. Elle nous a mis en présence des techniques sociales, elle a renouvelé notre poétique collective. Un rattrapage, si l'on veut, et pas méprisable pour autant. Surtout que la Révolution tranquille concernait le monde tout entier; nous sommes moins originaux qu'on le dit, pour nos avancées comme pour nos désillusions. Il ne s'agit pas de planifier un autre chambardement qui nous satisferait davantage. Ce sont les questions posées par la Révolution tranquille qu'il faut reprendre plus au ras du sol.

D'abord la question de la Cité. Depuis des décennies, nous nous butons contre le même obstacle, que tantôt on nous invite à aborder de front, que tantôt on nous supplie d'oublier: l'incapacité à donner un nouveau statut à la nation et à réaménager l'espace politique. Pourtant, on a poursuivi de toutes les manières le procès du nationalisme défensif du passé; on a accumulé jusqu'à la nausée les discussions constitutionnelles. Les étiquettes ont changé pour désigner notre identité collective; la conscience publique n'a jamais été aussi brouillée. Le référendum de 1980 n'ayant rien tranché, nous attendons le prochain, tandis qu'une sourde lassitude gagne les esprits.

Que l'indépendance constitue l'unique espérance offerte à notre société ou encore celle qui engloberait toutes les autres, je ne suis pas le seul à n'avoir jamais cru à semblable fadaise. À trop prêter à la souveraineté, on investirait dans une utopie obsessive des engagements qui doivent se faire plus diversifiés, plus proches des situations.

On parle couramment de l'échec du référendum de 1980. J'y vois plutôt un important événement démocratique. Pour une fois, un grand problème soumis au débat public a donné aux citoyens l'occasion de se pencher sur l'avenir de leur société. À ne retenir que cet aspect des choses, le référendum aura été bienfaisant pour chacun, de quelque faction qu'il se soit réclamé. Par ailleurs, que le référendum de 1980 n'ait rien conclu, on s'en convainc à la lecture des derniers sondages. Les citoyens oscillent toujours entre la souveraineté et le statu quo. Le moins que l'on puisse honnêtement dire, c'est que les jeux ne sont pas faits.

Aussi, on s'étonne qu'au lendemain du référendum, et après, des observateurs aient vite conclu que le pari de l'indépendance était définitivement liquidé. «Le peuple a parlé», n'hésitaient pas à répéter de tonitruants triomphateurs. Curieuse conception de la démocratie que celle-là. À ce compte, on aurait dû, depuis longtemps, enlever le droit de parole au Nouveau Parti démocratique, puisque les consultations publiques ne lui ont jamais donné le pouvoir à Ottawa. La question constitutionnelle serait elle-même périmée, à ce qu'on prétend en bien des quartiers; elle devrait être reléguée au second plan, sinon oubliée, devant les urgences de la crise économique.

Singulière façon d'envisager les problèmes des sociétés : pour mieux surmonter l'un d'entre eux, pourquoi chasser les autres de nos esprits ? Quel curieux médecin serait celui qui, après avoir diagnostiqué trois maladies graves, inciterait son patient à en oublier deux afin de lui prescrire pour l'autre la thérapeutique adéquate ? Je me méfierais également d'un médecin qui, devant trois maladies, me proposerait un unique remède susceptible de les guérir toutes ; certains tenants de la souveraineté n'ont pas manqué de céder à ce travers.

Un certain discours indépendantiste a fini par agacer bien du monde par une rhétorique globalisante. Rien n'empêche d'abandonner cette rhétorique ; ce nettoyage une fois entrepris, souhaitons que l'on rejette ensuite au rancart quantité de productions verbales de toutes provenances. Le langage politique doit se rajeunir par le défi de l'événement : celui qui porte sur la souveraineté, mais aussi tous les autres. Nous n'allons quand même pas confondre les idées avec la pacotille des mots ; nous n'allons pas écarter du revers de la main des projets pour lesquels on a mobilisé pendant des années tant de militants. Sinon, qui pourra intéresser demain des citoyens normaux à l'engagement politique, à part ceux qui y voient une carrière parmi d'autres ?

Un vieux dilemme va donc reparaître.

Ou bien les Québécois acquiesceront au projet de souveraineté. Des luttes qui remontent à la Conquête s'éteindront. Me revient à l'esprit la constatation désabusée de Salluste dans *La Guerre de Jugurtha* : « Les citoyens avaient, pendant la lutte, aspiré au repos ; quand ils le possédèrent, le repos devint pour eux plus dur et plus amer que la lutte elle-même. » La conquête de l'autonomie politique aura-t-elle tari nos préoccupations pour d'autres entreprises où notre culture elle-même est concernée ?

Ou bien les Québécois refuseront la souveraineté. Alors, il nous restera à reprendre la vieille bataille autonomiste. Nous y retrouverons quelque regain de ferveur, comme nous l'avons toujours fait. Est-il meilleur divertissement que la passion des tâches inachevées? Nos controverses avec le gouvernement fédéral mettent du piquant dans les journaux et le bulletin télévisé; elles nous donnent le sentiment d'être originaux. Pendant combien de temps notre culture pourra-t-elle trouver encore dans des symboles politiques de plus en plus fatigués le sentiment de sa valeur? Contraints de dénouer l'impasse politique, nous ne pourrons oublier l'autre grande tâche laissée inachevée par la Révolution tranquille: la mise en place des conditions d'une culture nouvelle. À nous qui tentions de nous débarrasser d'une culture officielle où régnait la routine, il a fallu bien des recherches et des errances; il a fallu improviser le nettoyage par des chemins divers et non sans nous heurter à des impasses. Pour qualifier ce grand ménage, on a parlé de *déculturation*. Le mot n'est pas si mal choisi: image du vide; désignation d'une absence. Non pas d'une absence de culture. Il n'y a pas d'humanité sans culture, sans des modèles collectifs de comportements, un langage partagé, un code des significations du monde. Il arrive que cette communauté des signes s'effiloche. Amoureux des symboles ou pourchasseurs de drapeaux, défenseurs de coutumes mortes ou «potineux» du progrès, intégristes frileux ou radicaux rêvant de transférer l'autorité de Thomas d'Aquin à Marx ou à Mao: durant la Révolution tranquille, les bricoleurs de culture n'ont pas fait défaut.

La débâcle a favorisé la création; écrivains, artistes, scientifiques ont beaucoup travaillé. Mais avons-nous vraiment entretenu une culture qui soit privilège du grand nombre? Certes, la *culture* est entrée à l'école. Le *s'éduquant* a remplacé l'élève des frères et des sœurs. Chaque matin, il prenait l'autobus pour se rendre dans la grande maison des spécialistes où il faisait de la *recherche*; revenant chez lui, il descendait de l'autobus en réclamant de la documentation. Le taux de fréquentation scolaire s'est accru: beaucoup de jeunes sont restés en route. Nous avons réussi à faire des messieurs avec certains fils de prolétaires et des sous-prolétaires avec les autres. Nous avons quitté l'ancienne culture; nous n'en avons pas édifié une autre qui soit à la portée du peuple. La culture populaire risque en effet de devenir un souvenir. Que chantait donc Vigneault, sinon un monde disparu? Et Léveillée, Butler, Dor, tant d'autres? Les bateaux qui ne partaient plus, le facteur qui courait jusqu'à Blanc-Sablon... Quel sens pouvait revêtir pour nous ce recours à un monde qui n'est plus le nôtre? Il se peut que ce passé ait eu valeur d'avenir; le reporter en avant faisait lever d'autres images que la logique toute plate de certains gérants de la Révolution tranquille. Nous regardons tour à tour en avant et en arrière; parviendrons-nous à démêler la nostalgie d'avec la mémoire? Pas plus que d'autres, je n'ai envie de m'inscrire aux services de main-d'œuvre pour un poste de facteur sur la Côte-Nord ou de réécrire les *Rapaillages* du chanoine Groulx; à l'heure des multi-nationales, l'angélus ne tinte pas très fort, même si l'on triche sur les horloges. Il reste que la culture ne se fait pas à partir du vide, puisqu'elle est le travail collectif grâce auquel les hommes tissent leurs liens avec le monde. La culture a une dimension politique, parce que la quête de soi n'est pas dissociable de la quête commune. S'il ne faut pas pleurer les choses mortes, ne point fouiller désespérément dans nos souvenirs, comment se garder de jeter sur l'avenir un regard abstrait, de prolonger en utopie un projet de culture qui ne serait que l'improvisation et la justification d'une classe récemment émancipée?

Construction d'une Cité politique, édification d'une culture, renouveau d'une démocratie sociale: ces trois tâches se rejoignent dans la même quête de *raisons communes.*

II

LA FIN D'UN MALENTENDU HISTORIQUE

Pour un regard superficiel, les querelles constitutionnelles qui accaparèrent la scène politique au cours des dernières décennies relevaient essentiellement du partage de compétences entre les gouvernements canadien et québécois. C'est l'impression dominante qu'on en retient, du moins quand s'apaisent les grands affrontements périodiques : de l'administration fédérale ou de celle du Québec, laquelle l'emportera pour la formation de la main-d'œuvre ou la réglementation des communications ? La plus modeste contestation, le moindre gain d'un côté ou de l'autre alimentent dans l'esprit public l'opinion qu'on se trouve devant des tensions somme toute normales dans un système fédéral ou devant un jeu stérile auquel la souveraineté du Québec mettra fin tôt ou tard. Or il s'agit d'une question autrement considérable : moins d'un conflit entre deux ordres de gouvernement que de la levée, pénible et encore embrumée, d'un long malentendu historique.

Ce qui est le plus remarquable en l'affaire, ce n'est pas la montée d'un mouvement souverainiste au Québec, mais la redéfinition du Canada effectuée au cours des années passées. Cette redéfinition, dont le parti de M. Pierre Elliott Trudeau fut l'artisan principal, a la portée d'une seconde fondation du pays. C'est pourquoi il est utile de détourner provisoirement l'attention des frictions entre Québec et Ottawa, et même entre souverainistes et fédéralistes, pour se rendre compte que le pays contesté par les uns et défendu par les autres n'est plus ce qu'il était ou ce qu'on croyait qu'il était. Et qu'un nouvel éclairage en est projeté sur le terrain politique. À tout prendre, les accords du lac Meech, les comités, les commissions et le référendum fédéral de 1992 se résument à de vaines tentatives pour retarder la prise de conscience d'un tournant irréversible dans l'histoire de la Confédération canadienne.

Du malentendu à la lucidité

Depuis l'inauguration de la Confédération en 1867, francophones et anglophones ont coexisté au Canada grâce à une méprise prolongée jusqu'à ces dernières décennies. Les Pères de la Confédération voulaient fonder ce qu'ils appelaient une « nation nouvelle ». Entendons : une nation politique[1]. Pour les anglophones, ce devait être la seule ; c'est pourquoi la centralisation leur a peu répugné ; l'élite de leurs intellectuels n'a pas manqué de la préconiser. Chez les francophones, à cette idée de nation politique qu'ils ont entérinée s'est toujours juxtaposée celle d'une nation culturelle qui puisse compter sur la double protection de l'État fédéral et d'un gouvernement provincial. Dénoncée lors de crises graves, la pendaison de Riel, l'abolition des écoles françaises dans maintes provinces, les deux conscriptions, cette ambiguïté a subsisté malgré tout. Peu importe si, à l'origine, la Confédération fut vraiment un pacte entre deux nations que des textes très explicites auraient consacré, l'important est que les Canadiens français y aient vu une telle entente et aient fondé sur cette croyance leurs conduites dans la maison commune. Dans les faits qui la contredisaient, ils n'ont aperçu que des infractions condamnables au nom du pacte et susceptibles d'être réparées par la restauration perpétuellement différée d'une paisible coexistence.

Cette ambiguïté première s'est doublée d'une seconde. La Confédération laissait à la province de Québec certains

---

1.   On pourra se reporter à mon ouvrage sur la *Genèse de la société québécoise*, Montréal, Boréal, 1993, chapitre VI.

pouvoirs, dotés il est vrai de très pauvres moyens. Comme
ces pouvoirs concernaient avant tout la culture, l'éducation
notamment, on pouvait croire que la nation en tant qu'entité
culturelle s'en trouvait pourvue d'un soutien politique. Cette
garantie était-elle cruciale au point de distinguer la province
de Québec des autres ? Cela n'a jamais été très clair non
plus, comme l'ont révélé les discussions des dernières
années.

M. Duplessis faisait de grands éclats autour de
l'autonomie provinciale ; ses attaques contre le gouvernement fédéral gardaient cependant un caractère juridique
et ne dérogeaient guère à la vision traditionnellement
entérinée. Avec la Révolution tranquille, le gouvernement
du Québec assumait de nouvelles responsabilités et
resserrait ses structures en conséquence ; les réclamations
d'autonomie prenaient une autre allure. En même temps
que, traditionnellement postulée comme chose entendue, la
dualité culturelle était formulée dans un langage neuf et avec
vivacité, les implications politiques s'en trouvaient aussi
mieux perçues. Malgré tout, au cours des premières années
de la décennie 1960, on tâtonnait encore autour de la
vénérable croyance. C'est la commission Laurendeau-
Dunton qui, dans le premier volume de son rapport, en la
proclamant dans les termes les plus nets, a transformé cette
croyance en un débat public. La dualité des cultures que les
Québécois avaient toujours vue à la base de la
Confédération, la Commission l'érigeait en principe
fondamental et en déduisait les conséquences politiques. Il
n'est pas inutile de rappeler le paragraphe décisif de la
célèbre « Introduction générale » rédigée par André
Laurendeau :

> La minorité [les Canadiens français du Québec], du
> moment que sa vie collective lui apparaît comme un
> tout, peut fort bien en vouloir la maîtrise et regarder
> au-delà des libertés culturelles. Elle pose alors la
> question de son statut politique. Elle sent que son
> avenir et le progrès de sa culture ont quelque chose de

précaire et, peut-être, de limité dans un cadre politique dominé par une majorité constituée par l'autre groupe: par contre, elle tend vers une autonomie constitutionnelle plus grande. Cette autonomie, elle la désire idéalement pour l'ensemble de la communauté, mais faute de pouvoir réaliser cet objectif la minorité peut vouloir concentrer son effort sur un cadre politique plus restreint, mais dans lequel elle est majoritaire[2]. La Commission n'était pas la seule à remettre sur la place publique le postulat jusqu'alors plus ou moins implicite. La première tranche de son rapport paraissait en 1967. La même année, les États généraux du Canada français réclamaient les pleins pouvoirs pour le Québec; René Lévesque publiait *Option Québec* et rompait avec le Parti libéral, qui entérinait néanmoins le principe du statut particulier. À la conférence constitutionnelle de l'année suivante, le premier ministre du Québec, Daniel Johnson, qui avait lancé *Égalité ou indépendance* en 1965, posait comme condition à l'avenir du Canada l'égalité de «deux communautés linguistiques et culturelles», de «deux peuples fondateurs», de «deux sociétés», de «deux nations au sens sociologique du terme». On ne pouvait être plus clair.

Insistons: il n'y avait là aucune révolution politique en perspective, mais l'affirmation d'une croyance jusqu'alors diffuse qu'avaient entretenue les Québécois depuis les débuts de la Confédération. Si, au cours des dernières décennies, les disputes n'ont jamais cessé, si d'interminables négociations n'ont pu aboutir, ce n'est pas à cause de la nouveauté d'un postulat mais de sa mise au jour. Du coup, on devait réaliser, avec les réticences que l'on sait et qui n'ont pas disparu, que ce postulat était en réalité un malentendu. Malentendu d'autant plus grave que, pour les francophones, il avait été aux fondements mêmes de la fédération.

2. «Introduction générale», *Rapport de la Commission royale d'enquête sur le bilinguisme et le biculturalisme*, tome I, Ottawa, Imprimeur de la Reine, 1967, xxxv.

Que faire devant la reconnaissance d'une telle méprise? Soustraire le Québec à une organisation politique fondée sur une illusion? Ce fut le projet de la souveraineté-association. Refonder le Canada sur un autre postulat, explicite cette fois? C'est cette seconde façon de mettre fin au malentendu qui a réussi. Pendant que, du Québec, venaient des assauts tantôt vigoureux tantôt timides contre le vieil édifice, des responsables du gouvernement fédéral reprenaient le projet d'une nation canadienne esquissé en 1867 pour lui donner enfin une définition claire et une justification cohérente. Là-dessus, reconnaissons la constante lucidité de M. Pierre Elliott Trudeau et de ses conseillers. Le Canada ne pouvait répondre aux exigences contemporaines qu'en confirmant résolument, et sans ambiguïté cette fois, des assises qui n'avaient point cessé d'être essentiellement politiques. Le Canada a donc été fondé de nouveau. Et cet acte de fondation s'est déroulé en trois phases principales.

L'avènement du multiculturalisme

Octobre 1971. M. Trudeau dépose devant le Parlement fédéral un document: «Aperçu des principaux programmes ayant trait au maintien et au développement du multiculturalisme à travers le Canada.» M. Stanfield, le chef conservateur (qui avait soutenu la thèse des deux nations lors de la campagne électorale de 1968), M. David Lewis, le chef socialiste, sont d'accord. Au nom de leurs partis respectifs, ils avaient mené de durs combats contre la reconnaissance du droit des Québécois à l'auto-détermination. Mais ils n'étaient pas opposés à la culture francophone; aussi reconnaissent-ils spontanément, en ce mois d'octobre 1971, l'originalité des cultures en ce pays. Non pas de deux cultures mais d'un nombre infini...

D'après le texte officiel déposé aux Communes ottawaises, «le pluralisme culturel est l'essence même de l'unité canadienne». Avouons qu'une *essence* qui est aussi un *pluralisme,* l'imagination éprouve quelque difficulté à se la représenter. On achoppe encore sur la distinction proposée par le premier ministre entre *appartenance* et *identité*: «Le sentiment d'identité éprouvé par chaque citoyen à titre d'individu est distinct de l'allégeance. Il n'y a aucune raison de croire qu'un citoyen qui s'identifie avec fierté comme citoyen canadien chinois et qui s'intéresse beaucoup aux activités culturelles de la communauté chinoise au Canada sera moins loyal ou moins préoccupé par les problèmes canadiens qu'un citoyen d'origine écossaise qui joue de la cornemuse et prend part à une danse écossaise.» La culture en serait-elle réduite à des manifestations folkloriques?

Quoi qu'il en soit, cette affirmation officielle du multiculturalisme comme *essence* de la réalité canadienne est plus qu'une simple concession à des minorités, dont le nombre n'est pas sans incidences sur les clientèles électorales. Cette même année 1971, les travaux de la commission Laurendeau-Dunton sur le bilinguisme et le biculturalisme se soldent par un échec, sans que soient formulées de fermes recommandations quant à la dualité des cultures française et anglaise au Canada. Inscrit au programme initial, le biculturalisme s'efface. Pratiquement, le Québec français n'est plus qu'une culture parmi d'autres au Canada. Le bilinguisme est retenu, consacré par la Loi sur les langues officielles de 1969; cependant, séparée de la culture, la langue change de signification. Elle est réduite à un moyen de communication; surtout, elle ne concerne plus directement une collectivité dont elle serait un droit inaliénable.

On aura beau continuer de parler des *peuples fondateurs*, ce ne sera plus qu'une aimable fleur de rhétorique. En effet, comment concilier pareille référence historique avec le multiculturalisme autrement que par une juxtaposition purement verbale? Quelle garantie pour aujourd'hui peut bien comporter ce souvenir où, après tout, l'histoire paraît surtout arrangée en vue des célébrations du 1er juillet?

Un nationalisme canadien

De longue date, M. Trudeau avait travaillé à briser un

obstacle préalable: le nationalisme québécois. Il ne répugnait pas aux raccourcis historiques: «Contre une ambiance anglaise, protestante, démocratique, matérialiste, commerciale et plus tard industrielle, notre nationalisme élabora un système de défense où primaient toutes les forces contraires: la langue française, le catholicisme, l'autoritarisme, l'idéalisme, la vie rurale et plus tard le retour à la terre.» Et, pour faire plus court: «Les Canadiens français étudient la politique avec leurs pieds[3].» Fallait-il récuser ce nationalisme-là pour y substituer une conception plus juste de la nation? Là-dessus, la pensée de M. Trudeau a semblé flottante durant des années. Nationalisme, nation: on ne savait trop vers quoi s'orienterait sa vindicte. Au lendemain du référendum de mai 1980, on devait être fixé.

Juillet 1980. Après le grand affrontement que fut le référendum, chacun est rentré en ses quartiers, abandonnant le train-train de la démocratie aux politiciens, aux politologues et aux journalistes. D'ailleurs, quand ils osent se prononcer, ne serait-ce que par leurs bulletins de vote, les citoyens ne savent jamais très bien ce qu'ils pensent. Vous avez dit *non,* vous avez dit *oui* à la souveraineté du Québec, croyant connaître le sens des mots? Vous vous trompiez. Il paraîtrait qu'au fond nous avons tous dit la même chose. Sauf quelques marginaux qu'un homme politique, grand devin, évaluait quelques jours après le référendum à tout au plus 15%; un taux de délinquance somme toute assez normal pour une démocratie en bonne santé. Les citoyens étant retournés à leurs affaires, la voie est redevenue libre pour les ministres et les fonctionnaires qui se sont mis fébrilement au travail. Les choses vont bon train. En cette fin d'année 1980, on nous prédit déjà que messieurs les experts vont nous doter d'une constitution canadienne bien à nous.

Une constitution est comme un costume; elle doit s'ajuster à une collectivité. Quelle collectivité en

---

3.   Pierre Elliott Trudeau, introduction à *La Grève de l'amiante* (en collaboration, sous la direction de P. E. Trudeau), Montréal, Éditions de Cité libre, 1956, 12, 70.

l'occurrence ? M. Trudeau, qui veille au grain, propose une déclaration préliminaire pour la future constitution où nous pourrions savoir, sur le large comme sur le long, pour qui elle est faite. À ce propos, une lettre ouverte de M. Trudeau aux Québécois publiée par les journaux nous éclairera peut-être. On s'entendra avec l'auteur sur son premier point. Les nations n'ont jamais correspondu, correspondent moins que jamais à des États. L'État-nation (la nation étant entendue dans un sens strict) est une illusion, sinon une imposture. Si les solidarités qu'entretiennent les citoyens, les solidarités nationales entre autres, imposent le recours à l'État, elles ne sauraient se confondre avec lui sans dépérir. Ce principe étant fermement posé, il conviendrait de s'y tenir jusqu'au bout, de ne pas rejeter l'État-nation par la porte de devant pour faire entrer la « nation canadienne » par la porte de derrière.

Dans cette lettre, observons comment M. Trudeau répartit les citoyens canadiens en groupes divers (que nous serions tentés de qualifier d'*ethniques*, mais soyons prudents). Ces groupes défilent comme à la parade. Un coup de chapeau aux Amérindiens et aux Inuit, la mention de « deux communautés linguistiques et culturelles principales », et puis « d'autres moins nombreuses ». Chacun y est rangé à sa place et selon sa proportion dans un grand ensemble difficile à nommer. Que ces groupes aient des histoires diverses, qu'ils entretiennent des conflits persistants et des rapprochements difficiles, que leurs pouvoirs s'avèrent inégaux, que certains soient dominés par d'autres, tout cela se fond et se dissipe sans doute dans le *peuple canadien...* Ces conceptions ne nous apparaissent-elles pas plus abstraites que politiques ? À moins d'admettre, toujours à partir de l'inventaire de M. Trudeau, que le Canada n'est somme toute qu'un État dont nous constituons les uns et les autres la *population* ; au mieux, les *citoyens* ?

M. Trudeau voudrait davantage. Et c'est là que pointe, en définitive, le problème. Tout en n'étant pas un État-nation, le Canada ne pourrait-il pas, par la bande, avec toutes les précautions qu'il faut, le devenir? À la Chambre des communes, M. Trudeau disait: «Le Canada est une entité et les citoyens forment quelque chose...» Vous êtes tentés de dire: oui, ils forment un État. M. Trudeau ne se satisfait pas de cette constatation, trop simple et qui n'est pas à la mesure de son rêve. Il poursuit: «Au moment où on dit que ce ne sont pas des citoyens, des individus, on s'échappe par le haut parce qu'on refuse de dire que tous ces citoyens ensemble forment une collectivité, le Canada, auquel il faut bien donner un nom...» Ce nom qui tremble au bout de ses lèvres, qu'il a prononcé plus carrément en d'autres circonstances, nous croyons le connaître: *nation,* ou encore *peuple,* ce dernier mot étant pris comme synonyme de l'autre. Inappropriée au Québec, la théorie de l'État-nation ne va-t-elle pas resurgir pour le Canada?

Une charte des droits

Avril 1982. Une nouvelle loi fondamentale pour le Canada est solennellement proclamée par Sa Majesté la reine; elle est assortie d'une Charte des droits et libertés. Cette charte, M. Trudeau en a fait son cheval de bataille depuis 1967, au moment où il devenait ministre de la Justice. À première vue, on ne peut que se réjouir: ce document n'est-il pas un instrument précieux dans la progressive instauration d'une société équitable? L'objectif de M. Trudeau revêt une plus ample portée: cette société que définit la Charte, c'est aussi un pays, dont elle sera à la fois l'instrument et le symbole.

Les observateurs n'ont pas manqué de remarquer que la Charte sert fort efficacement les desseins de la centralisation. Elle consacre une certaine primauté du judiciaire sur le législatif; or le système judiciaire est dominé par la Cour suprême, une instance fédérale. Bien plus, dans l'esprit de M. Trudeau, la Charte n'est pas seulement un outil juridique; c'est aussi l'énoncé des caractéristiques fondamentales d'une collectivité: «L'importance de la Charte, dit-il, fait que l'on partage tous un ensemble de valeurs communes et que désormais tous les Canadiens sont sur un pied d'égalité, qu'ils soient québécois, albertains, français, anglais, juifs, hindous, ils ont tous les mêmes droits. Il n'y a personne de spécial[4].» M. Trudeau tiendra ce propos plus tard, alors qu'il s'opposera aux accords du lac Meech, au statut de société distincte que certains songeront à concéder au Québec.

Les droits dont il est question dans la Charte de 1982 ont avant tout une portée négative; ils contrecarrent des initiatives plutôt que d'en créer. Henri Brun l'a pertinemment remarqué : les droits de la personne «permettent que l'intervention du gouvernement puisse être empêchée ou arrêtée, mais ils ne sont aucunement de nature à assurer le progrès social». Ils peuvent devenir «l'instrument d'une idéologie libérale se satisfaisant du seul fait de l'inaction des gouvernements». Enfin, «les chartes ne sont efficaces en droit que dans la mesure où elles visent des droits individuels[5]». Cette réduction n'a-t-elle pas pour conséquence, entre autres, d'éroder les caractères propres à une collectivité particulière, celle du Québec par exemple? À prendre à la lettre et sans autres compléments les idéaux représentés par la Charte au dire de M. Trudeau, on aboutit à un pays essentiellement conservateur et ne rassemblant d'une manière tout abstraite que des individus repliés jalousement sur la protection de leurs droits.

À l'usage, la Charte a eu un effet pervers qui semblait contredire son objectif manifeste. Aux mains de groupes de pression, qu'elle a contribué à constituer, elle a permis de réunir des intérêts et des factions qui refluent vers l'État, tendent même à contribuer à le redéfinir; on l'a constaté à l'occasion des discussions constitutionnelles qui ont précédé le référendum fédéral de 1992. La Charte des droits a eu un effet convergent avec la politique du multiculturalisme : fragmenter le tissu social, mettre l'individu en évidence et lui permettre d'en référer directement à l'État central pour

4.   Pierre Elliott Trudeau dans *Lac Meech: Trudeau parle,* textes réunis par Donald Johnston, Montréal, Hurtubise HMH, 1989, 44.

5.   Henri Brun, «Droits individuels et droits collectifs», *Relations,* juin 1989, 140.

défendre ses droits; faire émerger des rassemblements multiples, ethniques entre autres, eux aussi en relation avec l'État fédéral et susceptibles de masquer la spécificité de la nation française dans l'ensemble canadien[6]. Telle est, depuis quelques décennies, la façon dont se construit une société canadienne nouvelle, alors que bien du monde s'occupe à de vaines discussions sur des partages de compétences administratives.

Une nation canadienne?

Avec une logique incontestable, M. Trudeau et ses collaborateurs ont donc présidé à ce que je n'hésitais pas à appeler la seconde fondation du Canada. Un *coup de force*, comme on l'a prétendu? L'initiative s'imposait. D'abord, elle se situait dans la ligne de l'évolution historique du Canada. À l'origine, cette construction politique fragile ne correspondait guère à un mouvement historique profond qui eût enthousiasmé la population, que d'ailleurs on s'est gardé de consulter. L'édification du Canada s'est poursuivie au XXe siècle. D'une part, le pays s'est lentement émancipé de la tutelle de l'Empire: statut de Westminster, officialisation de la citoyenneté canadienne, abolition de l'appel au Conseil privé, nomination de Canadiens au poste de gouverneur général, choix d'un drapeau. D'autre part, des institutions

---

6. Guy Laforest le souligne fort bien: «La Charte des droits a créé une série de nouveaux joueurs constitutionnels: les femmes et leurs organisations, les groupes multiculturels et les minorités visibles, les peuples autochtones, les minorités de langues officielles. Les groupes d'intérêt qui représentent ces joueurs ont en quelque sorte colonisé la constitution [...]. Un des objectifs de la Charte, c'était de diminuer le sens d'appartenance régionale, territoriale, des membres de ces groupes, et de promouvoir chez eux une identification sans médiation avec la communauté canadienne dans son ensemble.» (*Trudeau et la fin du rêve canadien,* Sillery, Septentrion, 1992, 188.) Voir aussi Alan Cairns, «Constitutional Change and the Three Equalities», dans Ronald L. Watts et Douglas M. Brown, *Options for a New Canada,* Toronto, University of Toronto Press, 1991.

nationales ont été créées: des sociétés de la Couronne, des organismes culturels comme Radio-Canada et le Conseil des arts. En même temps que le Canada semblait confirmer son identité, le compromis de 1867, qui n'avait jamais été élucidé, menaçait d'éclater. La Commission royale sur le bilinguisme et le biculturalisme le déclarait à l'aube de ses travaux: «Le Canada traverse la période la plus critique de son histoire depuis la Confédération: c'est l'heure des décisions et des vrais changements; il en résultera soit la rupture, soit un nouvel agencement des conditions d'existence[7].»

M. Trudeau sera intervenu à point. Il aura achevé la construction de la nation politique canadienne en s'attaquant à ce que la commission Laurendeau-Dunton appelait le «conflit entre deux majorités» qui, en s'exaspérant, sortait des bornes où il s'était longtemps contenu. Il fallait procéder carrément à la consécration d'un espace national canadien et, pour y parvenir, mener deux entreprises complémentaires de grande envergure et qui allaient engager l'avenir.

La première stratégie a consisté à déconstruire, à nettoyer le terrain, à aplanir l'espace en vue du travail d'édification à effectuer. Ainsi, le multiculturalisme devait éparpiller les cultures à connotation ethnique, en reconnaissant les droits de toutes à survivre: c'est-à-dire à se perpétuer comme folklore et avec l'aide des subventions fédérales. Implicitement, la culture française devenait une culture parmi d'autres. En complément, la dualité culturelle était transposée en dualité linguistique; en passant du biculturalisme au bilinguisme, on se déplaçait des droits collectifs aux droits individuels. La manœuvre était astucieuse et portait un coup sérieux au

---

7. *Le Rapport préliminaire de la Commission sur le bilinguisme et le biculturalisme,* Ottawa, Imprimeur de la Reine, 1965, 125. «Il ne s'agit plus selon nous du conflit traditionnel entre une majorité et une minorité. C'est plutôt un conflit entre deux majorités: le groupe majoritaire au Canada et le groupe majoritaire au Québec.» (*Ibid.,* 84.)

nationalisme québécois. Pour certains esprits, ce qu'elle substituait aux conceptions anciennes apparaissait comme des garanties nouvelles ; le multiculturalisme et le bilinguisme n'allaient-ils pas profiter aux minorités françaises des autres provinces ? Mais, dans ce contexte, le Québec perdait son statut spécifique de bastion francophone à l'intérieur du Canada. On allait lui opposer l'égalité des provinces. Conception curieuse à première vue : en quoi concrètement la minuscule Île-du-Prince-Édouard est-elle égale à la costaude Ontario, ou comment mettre en balance la Nouvelle-Écosse et le Québec ? Ce qui est disproportionné dans les faits était égalisé en principe. Enfin, la Charte des droits achevait le travail d'aplanissement de l'espace canadien : tous les individus devenaient égaux, à la condition d'être réduits à l'état d'atomes sociaux.

L'espace social est ainsi convenablement ratissé pour que le gouvernement fédéral procède à la seconde fondation de la nation canadienne. C'est l'État central qui consacre et soutient les cultures coexistant sur le territoire ; c'est lui qui garantit le bilinguisme ; c'est lui qui rend les provinces égales, quelle que soit leur dimension ; c'est lui qui, par la Charte, répartit les droits des individus, les protège par des juges qu'il nomme ; c'est lui qui reconnaît et finance même les groupes de pression qui naissent des droits consacrés. En définitive, l'État institutionnalise la nation ; c'est lui, et il ne manque pas de le déclarer, qui en crée les symboles. Des normes dites *nationales* pourront être imposées dans des domaines de plus en plus nombreux ; l'éducation *nationale* sera probablement la prochaine étape. En fait, nous assistons non pas simplement à la construction d'une nation par l'État central mais à celle de son complément obligé : une *culture de gouvernement*, que couronne l'*anglo-conformité*. Était-il possible de pousser plus loin la conception de l'État-nation que pourtant, en un autre langage, récusaient avec hauteur et véhémence M. Trudeau et ses collaborateurs ?

Ai-je accordé trop d'importance à la pensée et à la tentative de ces messieurs ? Je ne le pense pas. Le travail de M. Trudeau était préparé de longue date par la centralisation fédérale présente dès 1867 et réaffirmée périodiquement, avec plus d'insistance encore à partir de la Deuxième Guerre mondiale ; M. Trudeau a su dégager le sens de cette tendance inhérente au système, lui imprimer une direction claire, y rallier un grand nombre de Canadiens. Alors que beaucoup de Québécois s'en tenaient encore à la croyance séculaire en la dualité des cultures francophone et anglophone, M. Trudeau et ses continuateurs ont provoqué, dans la population anglo-canadienne, des manifestations d'opinion qui dénoncent le vieux malentendu. Pour ne mentionner que l'une de ces manifestations, que l'on se rappelle la ferme position des participants au Forum des citoyens à la veille du référendum fédéral de 1992: «Pour la plupart des participants, ailleurs qu'au Québec, il ne faut pas acheter le maintien de la province dans la confédération au prix de la destruction ou de l'atteinte à ce qu'ils chérissent le plus, et surtout pas au prix de l'égalité individuelle ou provinciale [...] De l'avis des participants hors Québec, pour être acceptables, ces accords ne pourraient intervenir que dans le cadre d'un pancanadianisme fort où tous les Canadiens jouiraient de droits égaux, de normes nationales ou d'un même accès aux programmes et services[8].»

Les gouvernements qui ont succédé à M. Trudeau n'ont pas contredit sa position pour l'essentiel ; les velléités de prendre distance ont été, on le sait, des échecs. La seconde fondation du Canada n'a pas été imposée de haut, du moins dans les provinces autres que le Québec. Le gouvernement fédéral a d'ailleurs su faire appel à des groupes divers, quitte à les opposer les uns aux autres ; il

---

8. Le Forum des citoyens sur l'avenir du Canada, *Rapport à la population et au gouvernement du Canada,* Ottawa, ministère des Approvisionnements et Services, 1991, 61, 66.

a profité, par exemple, des conflits entre le Québec et les minorités françaises de l'extérieur[9]. Quel avenir est réservé à cette construction de l'État-nation canadien? Le travail de désintégration que le gouvernement central a dû poursuivre pour parvenir à ses fins comporte de gros risques pour le Canada. Il n'est pas certain que le principe de la table rase soit un bon départ pour créer une communauté politique. Les groupes de pression renforcés par la Charte ne présagent-ils pas des menaces sérieuses pour l'édifice tout neuf que l'État a voulu édifier[10]?

Maintenant que sont dissipés les espoirs mis de l'avant au début de la commission Laurendeau-Dunton et qu'a été fermement écartée la notion de *société distincte* pour le Québec, le malentendu historique s'est évanoui en ce qui concerne la dualité traditionnelle entre les deux cultures française et anglaise. Nous n'en sommes plus à discuter de quelques lambeaux de pouvoirs à partager lors de laborieuses rencontres de comités; ce sont deux conceptions de la nation et de l'État qui s'affrontent. Ou bien les citoyens, les Québécois comme les autres, adopteront résolument le projet par lequel le gouvernement fédéral préside au parachèvement d'une nation politique et d'une culture programmée en conséquence; ou bien les Québécois, inspirés par une conception culturelle de la nation qui est

---

9. Les nombreuses commissions royales d'enquête ont aussi été fort utiles. «Plusieurs de ces commissions ont servi de faire-valoir à des groupes-appuis pour mobiliser les énergies dans la direction souhaitée ou désamorcer des mouvements d'opposition qui risquaient de mettre en péril le régime politique» (Alain-G. Gagnon et Daniel Latouche, *Allaire, Bélanger, Campeau et les autres,* Montréal, Québec-Amérique, 1991, 48.) Cet ouvrage comporte une précieuse histoire des principales commissions d'enquête sur l'organisation du Canada (48 et s.).

10. «Le jeu constitutionnel est donc passé d'une phase qui s'appuyait sur les acquis historiques à une nouvelle étape où tous les groupes revendiquent pour eux-mêmes une place aux premières loges.» (Alain-G. Gagnon et Daniel Latouche, *ibid.,* 47.)

leur héritage historique, se donneront une organisation politique en conséquence. De toute façon, des questions nouvelles se posent de part et d'autre. Les Canadiens des autres provinces peuvent-ils accepter sans réticence l'identité qui leur est conférée par la construction de l'État-nation qu'on leur propose? Peuvent-ils endosser sans autre examen la *culture gouvernementale* où certains technocrates ont l'air de voir la spécificité d'une culture canadienne tout court? Les Québécois francophones qui songent à la souveraineté pour échapper au nivellement, pour s'assurer d'une société distincte, vont-ils confondre eux aussi leur propre nation avec un État, celui du Québec? Cela appelle d'autres éclaircissements, si l'on ne veut pas qu'un nouveau malentendu succède à l'ancien.

III

NATION ET POLITIQUE

Depuis quelques décennies, au long des discussions constitutionnelles sur l'avenir du Québec, on a surtout étudié les dimensions juridiques et économiques des options politiques en présence. Ces examens sont indispensables. Il n'en est pas moins opportun de se poser une question préalable : de quoi parlons-nous lorsqu'il s'agit de *nation* et de *communauté politique* ?

Communauté nationale et communauté politique

Nation, État : ce sont là des vocables apparemment simples, mais qui s'avèrent ambigus à l'usage. Je ne me livrerai pas ici à de longues spéculations de sémantique. On pourra mettre des mots différents sur les distinctions que je vais suggérer ; l'essentiel réside dans les distinctions elles-mêmes.

La nation est d'abord la communauté d'un héritage historique. Dans une conférence célèbre, Renan y reconnaissait deux composantes : « L'une est dans le passé, l'autre dans le présent. L'une est la possession en commun d'un riche legs de souvenirs ; l'autre est le consentement actuel, le désir de vivre ensemble, la volonté de continuer à faire valoir l'héritage qu'on a reçu indivis [...]. La nation, comme l'individu, est l'aboutissement d'un long passé d'efforts, de sacrifices et de dévouements. Les ancêtres nous ont faits ce que nous sommes[1].» Ce report au passé n'implique aucun déterminisme; Renan ne croyait pas plus que nous aux impératifs de races. La communauté nationale n'est pas faite de cette fraternité du sang dont parlait naguère M. Trudeau pour nous inviter à dépasser les vues bornées dont il ne cessait de nous soupçonner. Les Français ne descendent pas tous des Gaulois. Dans les solidarités nationales comptent le choix des personnes, l'acceptation ou l'élection d'une identité. Ainsi, fils d'immigrant polonais, le philosophe Bergson se considérait comme un Français de plein droit, non seulement en tant que citoyen de l'État mais en tant que titulaire d'un héritage de culture; par exemple, quand il évoque Pascal dans *Les Deux Sources de la morale et de la religion* (p. 193), il parle du «plus grand de *nos* moralistes». Chaque immigrant qui est venu au Québec a dû choisir de s'identifier à une autre culture; c'est arrivé pour mon arrière-grand-mère paternelle, cela se reproduit tous les jours au sein des minorités. Des descendants d'Anglais, d'Écossais, d'Irlandais, d'Italiens, etc., sont de ma nation; des descendants de Français sont devenus des Anglais ou des Américains. Constatation digne de ce bon M. de La Palice, mais qui rappelle utilement que les nations sont des entités historiques mouvantes.

Bien plus, la réalité des nations nous échappe quand nous essayons de les qualifier par des caractères généraux qui s'appliqueraient à chacune, et en n'importe quelle circonstance. Même la langue n'est pas un critère indispensable. Depuis que beaucoup d'Irlandais ont cessé de parler gaélique, ils n'en sont pas moins sûrs d'être irlandais.

---

1.   Je cite d'après l'excellente édition de la conférence de Renan qu'a procurée Joël Roman, et à laquelle il a joint plusieurs pièces documentaires d'un très grand intérêt: Ernest Renan, *Qu'est-ce qu'une nation? et autres essais,* Paris, Presses Pocket, 1992, 54. Renan ne marque pas la différence entre *nation* et *communauté politique* sur laquelle je vais insister. C'est qu'il a manifestement à l'esprit l'État-nation dont la France est le prototype. Il écrit néanmoins: «Avoir souffert, joui, espéré ensemble, voilà ce qui vaut mieux que des douanes communes et des frontières conformes aux idées stratégiques.» (*Ibid.*)

Et on connaît, de par le monde, de nombreuses nations multilingues. De même, il serait oiseux de vouloir dresser, pour chaque nation, une liste parfaitement exhaustive de coutumes qui la caractériseraient en propre et elle seule. Sans doute, on discerne toujours des traits distinctifs; la langue, on en conviendra pour ce qui nous concerne, est d'un poids certain. Mais il y a plus essentiel, et qui ramène à une question de mémoire. C'est en effet une caractéristique des hommes de ne pouvoir vivre dans l'immédiat, où les bureaucraties les cueilleraient comme des lapins. Les hommes se souviennent, et c'est pourquoi ils sont rétifs aux organisations et veillent à leurs allégeances. Alors, il est assez aisé de comprendre des paradoxes à première vue bizarres. Au cours des vingt dernières années, les Français du Québec ne sont plus facilement repérables à tous les traits distinctifs par lesquels on les reconnaissait jadis, la pratique religieuse notamment; en même temps, ils ont exalté plus que jamais l'originalité de leur identité. J'en dirai de même pour ceux que l'on appelle les francophones hors Québec. Sans le secours de la mémoire, comment les Amérindiens et les Inuit pourraient-ils affirmer leur différence et leurs droits? Allons-nous vérifier si leurs façons de manger ou de s'habiller, leurs parlers et leurs rites constituent une liste assez longue pour prouver qu'ils méritent bien de se concevoir en termes de nations?

Quant à lui, l'État se définit par la citoyenneté. Du moins en démocratie, il garantit l'égalité des droits fondamentaux, confirmant ainsi l'individu dans son statut proprement public. Il est responsable d'introduire une certaine équité dans les inégalités de revenus, de pouvoirs, de classes, par l'accès à des ressources communes: la scolarisation, les services de santé, l'assistance sociale, l'assurance-chômage, etc. L'État intervient dans l'activité économique, dans le développement culturel. En somme, il assure un ensemble de normes et de procédures pour l'ensemble d'une société.

Nation et État procèdent donc de deux modes différents de cohésion des collectivités. La distinction est de principe;

elle est aussi de fait. Entre les deux, il n'y a pas de coïncidence obligée. Il existe des nations sans États correspondants; les États plurinationaux sont en majorité dans le monde actuel. Cependant, la nation et l'État constituent tous deux des rassemblements tissés par l'histoire. Certes, la nation privilégie avant tout une identité venue du passé, où la mémoire joue la fonction première, tandis que l'État est au premier chef un projet d'organisation collective qui vise à la constitution sans cesse reprise d'une société de droit. Le projet de l'État n'en renvoie pas moins à des antécédents qui en sont des promesses et des garanties. Une constitution n'est pas uniquement un aménagement juridique; elle est aussi le symbole d'un accord historique. République ou monarchie ne sont pas seulement des types de gouvernement, mais des modes de convergence des citoyens. Les consultations électorales ne se réduisent pas à des mécanismes; ils réaffirment le consentement collectif à la légitimité de l'autorité et de la contrainte. Le règne de l'opinion publique, dont on sait l'importance en démocratie, repose sur le principe que les citoyens contribuent librement à entretenir un esprit collectif. En démocratie, les organes du pouvoir, si minutieusement agencés soient-ils, dépendent de ce qu'il faut bien appeler une communauté politique.

Sous prétexte qu'ils nous réunissent selon des fondements différents, il serait donc fallacieux d'affirmer que la nation détient exclusivement le privilège d'être une communauté, alors que l'État ne serait qu'une organisation juridique ou administrative sans que soit prise en compte la concertation résultant d'une histoire partagée. Bien plus, entre ces deux modes de cohésion, des échanges sont nécessaires. S'il revient à l'État de promouvoir l'égalité des citoyens et la justice distributive, cette responsabilité concerne en particulier le maintien et l'épanouissement des communautés nationales. De la part de l'État, ce n'est pas là simple concession à la diversité des nations, mais une exigence positive: comment imaginer une communauté politique d'où

serait bannie l'une des sources culturelles qui l'alimentent?
Le réveil actuel des nationalités suffit à nous avertir des
terribles conflits déclenchés dans des États qui ont méprisé
les nations, tentant de se substituer à elles au point de se
donner eux-mêmes arbitrairement pour des nations.

Pour résumer, posons trois énoncés : État et nation relèvent
de modes d'allégeance différents ; ils supposent des
solidarités spécifiques ; ils entretiennent des rapports qui ne
sont pas de confiscation réciproque mais de support
indispensable. À la lumière de ces critères, le jugement doit
s'appliquer à des cas concrets ; car les arrangements possibles
sont pluriels, comme le montrent leur grande diversité à
travers le monde et les complexes difficultés qu'ils soulèvent.
Voyons donc ce qu'il en est pour le Canada.

Le Canada est-il une communauté politique?

Le Québec n'est pas une nation. On doit donc y récuser
un projet de souveraineté qui aurait pour objectif
d'identifier nation et État ; il y a ici des anglophones et
des autochtones, et la nation francophone ne se limite pas
au territoire québécois. Selon les mêmes critères, le projet
de fédération canadienne était, en soi, parfaitement
justifiable. Mais à deux conditions. La fédération devait
garantir la sauvegarde et l'épanouissement des nations qui
y ont adhéré ; dans notre cas, la nation francophone qui,
après une longue histoire où ont alterné les tentatives
d'assimilation et la réclusion dans une réserve folklorique,
était en droit de trouver dans la Confédération un libre
développement qui aurait enrichi la maison commune sans
s'y dissoudre. Cette première condition est en étroite
relation avec une seconde : la fédération devait former peu
à peu une authentique communauté politique. Exigence à
laquelle ne sauraient satisfaire ni des bricolages constitutionnels tardifs ni des allusions attendries aux
Rocheuses ou au passeport canadien. Une communauté
politique est le produit d'une progressive sédimentation de
solidarités autour d'un projet.

Or l'histoire de la Confédération est celle de l'échec de l'édification d'une communauté politique. Au milieu du siècle dernier, l'Union des Canadas aura été l'ultime tentative pour assimiler les francophones. Le Québec est entré dans la Confédération après la faillite de ce régime. On voulait remédier à l'instabilité ministérielle, renforcer les colonies britanniques face au voisin américain, promouvoir la croissance de l'économie, en particulier par la construction des chemins de fer; les intérêts des hommes d'affaires ont été prédominants. Au départ, le peu de pouvoir dévolu au Québec, la dépendance étroite des politiciens provinciaux à l'égard des politiciens fédéraux ont empêché des frictions qui ne se sont manifestées, et de plus en plus vivement, qu'avec le temps. Par ailleurs, les Pères de la Confédération, anglophones comme francophones, espérant fonder une *nation nouvelle,* les francophones du Québec se retrouvaient, en toute hypothèse, sujets de deux nations.

Comment a pu se dénouer l'ambivalence qui en découlait? On s'est mis à insister sur le caractère *culturel* de la nation francophone: sur «notre langue, nos institutions et nos lois», selon la devise auparavant consacrée. Effectivement, les pouvoirs laissés au Québec étaient surtout de l'ordre de la culture: l'éducation, l'assistance sociale confiées à l'Église et mises ainsi à l'écart de la politique. Cet arrangement laissait la nation francophone largement en marge de la «nation nouvelle» définie avant tout par la politique.

Ces facteurs sont de l'ordre des structures du régime fédératif. Une communauté politique repose aussi sur les symboles d'un consensus: on célèbre ses commencements dans l'émancipation des cantons suisses, la Grande Charte britannique, la Déclaration d'indépendance américaine, la Révolution française, la révolution belge de 1830... Rien de pareil au début de la Confédération. Les Pères ont refusé de tenir une consultation populaire; celle-ci aurait constitué, en la circonstance, non pas seulement le recours à un mécanisme démocratique, mais un acte fondateur analogue à ceux qu'ont connus d'autres communautés politiques. Un historien a calculé que, parmi les 49 représentants des comtés francophones qui ont pris part au vote, 25 ont acquiescé et 24 se sont opposés au projet de fédération[2]. Le moins que l'on puisse dire, c'est que le consentement à la *nation nouvelle*, à la communauté politique en gestation, était fragile. Voilà une communauté qui doit célébrer ses origines avec discrétion...

En principe, il était possible que la Confédération fût autre chose qu'un rassemblement de colonies bâclé par des politiciens. Gens du Québec, nous aurions pu, comme l'ont espéré un moment nos ancêtres, implanter une autre province française dans l'Ouest canadien. On aurait pu éviter les atteintes aux droits scolaires des francophones des autres provinces, alors que les droits des anglophones du Québec étaient soigneusement garantis et que le gouvernement fédéral ne cessait de louvoyer, de manquer aux responsabilités qui étaient les siennes. On aurait pu nous dispenser des luttes épuisantes pour le timbre et la monnaie bilingues, employer un nombre un peu équitable de fonctionnaires francophones dans les services fédéraux. On aurait pu ne pas réduire les Canadiens français à de perpétuelles luttes défensives qui n'ont guère contribué à nous donner le sentiment que nous habitions, dans l'égalité et la dignité, une même maison politique. On aurait pu écouter la voix de Bourassa en appelant à un nationalisme canadien plutôt qu'à une claironnante fidélité à l'Empire, entrave là encore à la création progressive d'une communauté politique canadienne. En réclamant l'indépendance du Canada, les Canadiens français espéraient renforcer un État capable de conférer à ses citoyens une identité propre ; certes, on a rapatrié il y a peu la Constitution canadienne, mais tardivement et en l'absence du Québec. Nous aurions pu avoir comme chef suprême de l'État quelqu'un d'autre

---

2. Jean-Paul Bernard, *Les Rouges. Libéralisme, nationalisme et anticléricalisme au milieu du XIXe siècle*, Montréal, Presses de l'Université du Québec, 1971, 265.

qu'une reine étrangère représentée par un gouverneur
général...
    Oui, bien des choses auraient été possibles. Mais on ne
refait pas l'histoire avec des *si*. Pratiqué le plus souvent en
surface et avec parcimonie, le bilinguisme officiel ne
parvient pas à faire dévier une tradition aussi longue et aussi
solidement établie ; on ne s'étonne pas qu'il soit si mal
accepté en tant d'endroits. La politique du multiculturalisme
a encore embrouillé les choses, à tel point qu'une personne
normale n'arrive plus à se retrouver dans les nombreuses
définitions officielles de ses allégeances politiques et
nationales. Que l'on y ajoute la *société distincte*, et un
véritable capharnaüm tiendrait lieu de communauté
politique canadienne. Une communauté politique ne
s'improvise pas ; on ne saurait fabriquer d'un coup ce que
récuse l'histoire. Mettrait-on au point des mécanismes de
fédéralisme *asymétrique* ou *coopératif,* accumulerait-on
toutes les métaphores ou les recettes, on n'arriverait qu'à
faire remonter en surface les vieilles divisions. Depuis la
déroute des accords de Meech, d'un bout à l'autre du
Canada se disent les contradictions longtemps accumulées.
    L'échec d'une communauté politique canadienne est une
tragédie pour tout le monde. Dans un continent anglophone,
la nation francophone aurait pu trouver dans la fédération
un point d'appui solide en Amérique ; de même, les
Canadiens anglais auraient pu construire avec nous un État
où les uns et les autres se seraient sentis à l'aise, fiers de
nos différences comme de nos convergences. Nous n'avons
pas réussi. Et on ne voit pas comment un bricolage hâtif
pourrait pallier un échec historique. Les hommes politiques
du passé sont les premiers responsables de cet échec, par
manque de lucidité et de courage, par complaisance envers
les courants d'opinion ou d'intérêts, à moins que ce ne soit
par entêtement. Envisageons maintenant l'avenir à partir de
ce que l'histoire nous a légué, de ce qu'elle nous a fait. Le
défi se pose avec acuité aussi bien au reste du Canada qu'au
Québec.

Un projet: la souveraineté du Québec

En l'occurrence, il me semble que l'on peut dégager les raisons qui militent en faveur de la souveraineté du Québec sans céder à des ressentiments envers le passé, sans s'abandonner à quelque nationalisme étroit. Si, au cours de l'histoire, nous ne sommes pas parvenus à créer au Canada un authentique consensus de base, il convient d'en tirer lucidement une conclusion: au Canada, il y a en fait deux communautés politiques. Depuis les années 1960, le constat est de plus en plus évident, du moins au Québec. Cela ne résulte pas d'abord de l'action du parti souverainiste; celui-ci en est plutôt la conséquence. En provenance du Parti libéral québécois, le rapport Allaire ne reposait-il pas sur le postulat que le Québec forme davantage qu'une province? Et que pourrait bien désigner d'autre qu'une communauté politique la notion de *société distincte*, malgré le flottement du contenu qu'on lui conférait? Dans les imageries qui se sont succédé à un rythme rapide, celle du «fédéralisme asymétrique» par exemple, je ne peux manquer de constater que l'on rôdait autour de l'association de deux communautés politiques. Par ailleurs, à mesure que se multipliaient les commissions et les comités, que réclamait le Canada anglais? Un gouvernement fédéral plus centralisé, un sénat qui accentuerait la cohésion de l'autre société politique. Quelles que soient les positions où on s'arrêtait dans cette dérive, la tendance était nette de part et d'autre; pourquoi ne pas consacrer en droit ce qui se dessine clairement dans les faits?

En rappelant quelques principes préliminaires, je soulignais une évidence: la communauté politique doit respecter et promouvoir l'épanouissement des nations qui, sans s'identifier à elle, contribuent à sa vitalité. Depuis toujours, plus fermement encore depuis que le gouvernement de M. Lesage a inauguré officiellement la Révolution tranquille, on n'a jamais manqué de proclamer que la communauté politique québécoise est l'assise essentielle à la survie et au développement de la nation française en

Amérique. À cet égard, notre situation est radicalement différente de celle des petites nations européennes. Là-bas, les nations forment une marqueterie où la diversité est la règle, où l'identité des unes est garantie par celle des autres. En Amérique du Nord, nous sommes une toute petite population française sur un continent qui, pour le reste, est anglophone. L'appui d'une communauté politique spécifique est d'une aveuglante nécessité.

Au cours des débats des dernières années, une question est souvent survenue : en quoi, nous dit-on, la renaissance que vous avez connue au Québec pendant la Révolution tranquille a-t-elle été empêchée ou favorisée par votre appartenance à la fédération canadienne ? Aurions-nous fait mieux autrement ? Répondre globalement est impossible. Les facteurs, les forces, les impulsions qui ont joué sont innombrables. Mais il est loisible de faire des constatations plus sûres et plus instructives.

Une grande partie des énergies mises en œuvre pendant ces années ont été vouées à contester des juridictions, à dénoncer des enchevêtrements de programmes, à concilier plus ou moins adéquatement des visées différentes. Nous n'y verrions qu'un moindre mal si cela n'avait été que perte de temps et de ressources susceptibles d'être mieux employés. Il y a plus grave : l'incidence de ces chicanes a fini par faire perdre de vue les problèmes eux-mêmes, au profit de conflits et de stratégies entre instances administratives. Par exemple, dans les médias, on nous décrit davantage les imbroglios de juridictions sur la formation professionnelle que les mesures qu'il conviendrait d'adopter pour répondre à une extrême urgence. Que l'on repasse un à un les grands défis que nous affrontons, du sous-développement de certaines régions du Québec aux carences de notre essor culturel, on arrivera au même diagnostic : à un détournement de l'attention vers les querelles de pouvoirs. À croire qu'il s'agit là, pour certains responsables, d'un utile alibi.

Reprenons notre interrogation : la Confédération a-t-elle

été un obstacle à la Révolution tranquille? N'oublions pas ce qui a été justement la composante principale de cette révolution: l'affirmation, jamais connue auparavant, du rôle de l'État québécois. Pendant longtemps, la nation francophone a été livrée à la survivance; la nation, c'étaient des coutumes, une langue, des institutions, le tout couronné et garanti par la religion. Au début des années 1960, des secteurs déterminants de la vie collective sont devenus des responsabilités publiques. Ce changement radical a contribué à la consolidation d'une communauté politique originale.

En définitive, la question de savoir si la Confédération nous a servis ou non dans notre évolution depuis trente ans nous conduit à un constat: les changements ont été réalisés à travers d'épuisantes confrontations avec le gouvernement fédéral; ils nous ont poussés sur la voie de la progressive confirmation d'une communauté politique québécoise; la conscience d'un nécessaire accroissement du rôle de l'État s'est accompagnée de l'affermissement d'un esprit public.

Au Canada, comme partout dans le monde, on répète de divers côtés que les problèmes des communautés politiques se posent aujourd'hui dans un nouveau contexte. C'est vrai, et la question de la souveraineté du Québec ne doit pas être isolée des mouvances de la civilisation contemporaine. Il n'est pas besoin d'un gros effort pour constater un élargissement des espaces économiques; on conclut parfois que ce n'est pas le moment de restreindre les communautés politiques. Incidemment, si on en tire argument pour maintenir la Confédération en sa structure actuelle, le plaidoyer peut se prolonger: pourquoi s'arrêter en si bonne voie? Si on n'y prête attention, cette rhétorique va nous ramener à l'annexion du Canada aux États-Unis, vieille tentation qui est réapparue périodiquement au cours de l'histoire. Oui, les espaces économiques s'agrandissent, et aussi bien les espaces culturels, les aires de l'information, la mobilité des populations; les communautés politiques n'ont-elles qu'à suivre le mouvement?

En se complexifiant, en s'uniformisant d'une certaine manière, ces espaces ne deviennent pas pour autant des sphères abstraites où les groupes et les individus ne seraient plus que des monades. De nouveaux pouvoirs apparaissent et consolident leur emprise, souvent à l'écart des contrôles démocratiques. Des inégalités de privilèges et de ressources subsistent. Les cultures sont des entités concrètes, de même que les solidarités, qui ne sauraient être étirées à l'infini sans perdre toute substance et toute influence. La croissance économique elle-même ne dépend pas que des flux de capitaux ou de pouvoirs supranationaux laissés à la seule initiative de ceux-ci. Par exemple, la formation de la main-d'œuvre ou la recherche-développement sont liées aux possibilités et aux besoins de sociétés circonscrites; la scolarisation se heurte à des obstacles et profite de facilitations qui ne sont pas les mêmes partout; on peut désirer en certains pays un système de sécurité sociale que n'adoptent pas des contrées voisines pour des raisons culturelles ou de préférences dans l'emploi des ressources. Tout cela va à l'encontre de l'uniformisation des communautés politiques. Dans la mesure où l'économie, l'information et la mobilité des populations transgressent les frontières, il revient aux communautés politiques d'affermir leur présence selon la diversité des besoins, des cultures, des possibilités de concertation. Nous n'aurons pas autrement une économie, une information, des migrations à dimensions humaines. On a donc raison de situer la discussion sur l'éventuelle souveraineté du Québec dans la perspective des grandes urgences de la civilisation contemporaine.

Encore une fois, en tant que projet de communauté politique, la fédération canadienne n'était pas fatalement vouée à l'échec. Dans ce cas comme en d'autres, c'est l'histoire qui n'est pas parvenue à surmonter un obstacle de fond. Dès le commencement, on a escamoté le processus démocratique qui aurait pu être une promesse, un souvenir auquel on se serait reporté malgré les crises qui ont suivi.

Je crains que l'on ne tente de répéter cette méprise initiale.

Hier encore, des commissions, des comités, des rencontres où des citoyens se trouvaient sans mandats, des pouvoirs économiques et autres étaient censés représenter la population en travaillant à des replâtrages, à des manipulations d'opinions ; la démocratie n'y trouvait pas son compte. Quand un administrateur d'une association d'hommes d'affaires déclare qu'il suffirait, pour en arriver à un aménagement constitutionnel, d'un accord des premiers ministres des provinces, que la consultation publique pourrait être écartée, on ne peut manquer d'éprouver de sérieuses inquiétudes. On ne retape pas de cette façon des constitutions, encore moins des communautés politiques. Il y a quelques années, en créant des commissions et des comités, sans doute pour gagner du temps faute de pouvoir trancher, le gouvernement fédéral et le gouvernement du Québec ont ouvert la boîte de Pandore. Malgré des balises plus ou moins astucieuses, les problèmes sont dorénavant sur la place publique. On ne les fera pas rentrer dans l'ombre à coup de décisions improvisées dans quelques cénacles.

Le Québec : une communauté politique ?

À mesure que le Canada s'éloigne du biculturalisme qui était aux yeux des francophones sa raison d'être comme communauté politique, de nombreux Québécois songent à s'en détacher. La souveraineté du Québec rallie des partisans au nom de la liberté des peuples de disposer d'eux-mêmes. Le projet est-il mieux fondé que celui qui est récusé ? Quelles sont les possibilités, la légitimité même d'une communauté politique québécoise ?

Veut-on, ainsi que beaucoup le laissent entendre, créer un État-nation ? En tout cas, on parle couramment de *nation québécoise*. Ce qui est une erreur, sinon une mystification. Si nos concitoyens anglais du Québec ne se sentent pas appartenir à notre nation, si beaucoup d'allophones y répugnent, si les autochtones s'y refusent, puis-je les y englober par la magie du vocabulaire ? L'histoire a façonné une nation française en Amérique ; par quelle décision subite pense-t-on la changer en une nation québécoise ? Définir la nation par des frontières territoriales, c'est affirmer que l'État s'identifie à elle ; construction toute verbale et parfaitement artificielle de tacticiens politiques. À moins que, par simple duplication, on travaille exactement à la manière de M. Trudeau que l'on vilipende ? Que l'on ajoute, pour imiter M. Trudeau jusqu'au bout, que la politique québécoise des « communautés culturelles » est un équivalent du multiculturalisme canadien et on aura, à une échelle plus réduite, l'exacte réplique du Canada. Est-ce la peine de se donner tant de mal ? De toute manière, anglophones et autochtones ne seront pas dupes ; ils verront sans peine que nous désirons simplement épouser à notre profit une logique que nous réprouvons lorsqu'elle nous défavorise.

Cependant, s'il est exclu que l'on s'engage dans la fondation d'un État national, il est certain que le projet de parfaire par la souveraineté une authentique communauté politique au Québec tient d'abord au sort de la nation française en Amérique et à la constatation que la communauté politique en voie de consolidation au Canada ne garantit pas à cette nation les conditions indispensables à son développement. Il est évident que ce projet est né d'une volonté de francophones québécois, que ce sont des francophones qui l'entretiennent en très grande majorité ; inutile de le dissimuler sous quelques principes abstraits, apparemment plus honorables que l'instinct de survie. Isolée sur un continent anglophone, cette nation ne bénéficie pas des jeux d'équilibre que crée en Europe une très grande diversité de pays. Pour reprendre les parfaites expressions utilisées naguère par M. Trudeau lui-même, le Québec est le « premier foyer » et le « centre de gravité » de cette nation ; autrement dit, il est son assise politique indiscutable, à l'intérieur ou en dehors de la fédération canadienne. Le biculturalisme s'est changé en bilinguisme, le multiculturalisme dilue la spécificité de la culture française, la

Charte fédérale des droits condamne les citoyens à la condition d'atomes sans attaches, on n'est même pas parvenu à reconnaître officiellement le caractère *distinct* du Québec : l'assise politique des francophones se trouve donc de moins en moins au Canada ; nous devons, de toute nécessité, lui en trouver une autre. Les situations des nations des quatre coins du monde sont fort diverses ; ce n'est que par des considérations empiriques que l'on arrive à des aménagements qui permettent de faire coexister, dans la paix, des communautés différentes. Le cas de notre nation ne fait pas exception.

Francophones, nous nous sommes repliés pendant des siècles sur une culture nationale ; notre principale préoccupation a été de maintenir des traits originaux, le plus souvent contre les empiétements de manœuvres adverses. Nous comptions sur la protection d'un Canada censément biculturel. Les anciens dispositifs de défense sont maintenant menacés ; il nous faut sortir de l'isolement justement pour assurer la survie de notre culture en lui insufflant un nouveau dynamisme. L'une des démarches nécessaires consiste à édifier une communauté politique où la nation trouvera un appui, sans pourtant s'identifier à l'État après s'être identifiée à la religion.

Sur quels fondements reposerait la souveraineté d'une communauté politique québécoise ? Je signale d'abord quelques critères préalables qui paraissent inéluctables.

Excluons le multiculturalisme, du moins au sens où on l'entend souvent : la juxtaposition pure et simple des communautés culturelles. Ce multiculturalisme est d'ailleurs impraticable dans quelque contrée que ce soit, même au Canada et malgré les proclamations officielles ; en fait, la mosaïque canadienne est cimentée par l'adhésion à une culture où, entre autres facteurs d'unification, l'anglais joue un rôle déterminant. Si le multiculturalisme est écarté, les différences culturelles n'en sont pas effacées pour autant ; la communauté politique n'exige pas l'uniformité. Pour ce qui est des immigrants, des conditions minimales doivent leur être fixées au départ; mais la coercition n'aura jamais de portée durable, en plus de supposer des attitudes odieuses envers des cultures qui valent bien la nôtre. Et puis, l'immigrant ne saurait participer à la culture du pays d'accueil en censurant la sienne; il doit faire appel à sa culture d'origine pour s'intégrer à un nouveau contexte. Bien plus, n'étant pas synonyme de nation, la communauté politique est compatible avec des groupes nationaux différents, comme c'est le cas le plus fréquent partout au monde. La nation anglaise aurait évidemment droit de cité comme telle dans la communauté politique québécoise; on en dira autant des nations autochtones. D'autant plus que déjà des influences diverses se sont emmêlées au cours de l'histoire.

En refusant le multiculturalisme et l'assimilation autoritaire des immigrants, en insistant sur la spécificité des communautés nationales, je n'ai énuméré que des critères pour ainsi dire négatifs. Comment envisager des caractéristiques positives? Comment répondre au problème crucial que l'on commence à percevoir dans toute son acuité: qu'est-ce qui maintient ensemble les Québécois?

Je ne me bornerai pas à répéter machinalement l'évidence que tout habitant du Québec est québécois; pareille banalité, si on s'en contente, bloque aussitôt l'analyse d'une situation autrement complexe. Pendant longtemps, anglophones et francophones ont vécu ici dans des sociétés juxtaposées; on parlait parfois des deux *solitudes* pour s'en désoler, sans trop s'attarder aux causes sociologiques. Depuis que l'on songe à l'autonomie, sinon à la souveraineté du Québec, la conscience d'une profonde fracture de la collectivité se fait plus vive. D'autant plus que la loi a dû obliger les enfants d'immigrants à fréquenter l'école française, que beaucoup d'allophones préfèrent s'identifier d'une manière ou de l'autre à la minorité anglophone. Dorénavant, il n'est plus possible d'éluder la question du fondement même de la société civile. Et la question se pose même si la souveraineté ne devait jamais advenir.

On parle ici et là d'une *culture publique commune*[3]. La
notion est suggestive et mérite que nous nous y arrêtions. Si
je saisis bien, il s'agirait d'un certain nombre d'éléments qui
réuniraient dans un même ensemble les différentes
composantes, ethniques et autres, de la collectivité. Quels
seraient ces éléments? Les institutions politiques et juridiques
qui confèrent le statut de citoyen? C'est indispensable. C'est
insuffisant pour en arriver à une communauté; celle-ci
suppose des références culturelles auxquelles les individus
s'identifient. La langue française vient aussitôt à l'esprit:
n'est-elle pas celle d'au moins 80% de la population? En
limitera-t-on le rôle à un simple mécanisme de communication ou y verra-t-on ce qu'est forcément une langue
en sa plénitude, c'est-à-dire une culture? Il faudrait alors la
considérer comme la *culture de convergence*: celle qui
constitue le lieu de ralliement de toutes les autres. On n'y
arrivera pas en ayant recours à des dictats autoritaires ni par
un *pacte moral* imaginaire. On devra consentir au moins à
une double orientation: dans les pratiques quotidiennes, la
langue française, connue de tous et médiation indispensable
de citoyenneté au sein de la diversité; dans l'enseignement,
la connaissance de l'histoire du Québec, de ses régions et de
sa culture, des institutions politiques et juridiques qui nous
régissent. Pour le reste, il n'est pas utile de jongler avec des
recettes de mixtures où seraient minutieusement dosés les
ingrédients à emprunter ici et là pour fabriquer artificiellement une culture métissée. Ces arrangements se
réalisent spontanément au fil du temps et au gré des contacts.
Si culture de convergence il y a un jour, ce ne sera pas un
composé de laboratoire ou de convention; ce sera la culture
française. Sinon, la question d'une communauté politique
québécoise, souveraine ou provinciale, deviendra sans objet.
C'est dire que nos efforts principaux doivent porter sur la
qualité de la langue et la vigueur du système d'éducation.

---

3.   Notamment Gary Caldwell, «L'immigration et la nécessité d'une
     culture publique commune», *L'Action nationale,* octobre 1988,
     705-715.

Car, une fois acquise une forme quelconque de constitution politique un peu durable pour le Québec, les enjeux vont se concentrer sur le devenir de la culture.

À des collègues canadiens-anglais

On suppute, parfois avec acrimonie, ce qui se produira lors d'une séparation du Québec d'avec le Canada. Des accords économiques seront-ils possibles? La coexistence n'entraînera-t-elle pas d'irrémédiables rancœurs, sinon des conflits insurmontables? Au contraire, il me semble que cette rupture difficile pourrait être le début de relations plus authentiques de part et d'autre. Si j'avais à m'en expliquer à des collègues du Canada anglais, je dirais à peu près ce qui suit.

Il faut l'avouer, si pénible que ce soit à reconnaître: nos deux peuples sont relativement indifférents l'un envers l'autre. Il nous est souvent arrivé de nous congratuler ou de nous heurter, mais nous n'avons jamais éprouvé cette fascination de l'attirance ou de la haine qui marque ailleurs certains voisinages des nations. «Mariage de raison», a-t-on dit de notre confédération. Le qualificatif est plus triste qu'il ne paraît à nos politiciens. Pareil *mariage* ne peut lier que des partenaires assez éloignés pour qu'ils ne s'atteignent autrement qu'à la superficie de l'être, là où ne se présentent que des rencontres d'intérêts ou des conflits épisodiques.

Ce genre de tolérance ne fait pas un pays. Nous avons pu longtemps nous illusionner là-dessus, tant nous vivions chacun de notre côté, tournés vers la mère France ou la mère Angleterre, raccordés en surface par la crainte du géant américain, rassemblés par les combinaisons de nos élites des affaires ou de la politique. Les temps ont changé. Les alibis du dehors, le danger américain ou le souvenir des mères-patries ne nous sont plus d'un grand secours. Que notre coexistence garde la forme du Canada actuel ou qu'elle en prenne une autre, nous voici astreints à la tâche de construire de nouveaux liens. Je crois bien que, de votre côté comme du nôtre, les plus lucides tombent d'accord là-dessus.

Comment faire? Avec quels matériaux? Le bilinguisme et le multiculturalisme? Il est commode que, de temps en temps, je puisse demander un formulaire administratif ou un billet d'avion en français; mais ce respect d'un droit élémentaire n'ajoute rien à mon assentiment à cette communauté d'idéaux, de façons de vivre, de sentiments qui fait une culture et qui donne à une langue sa densité et sa valeur. Le bilinguisme ne nous lie que par la pellicule de nos langages respectifs. La traduction généralisée est un signe de surcroît de ce qui nous sépare d'une communication un peu concrète entre nos deux collectivités; elle consacre une séparation bien plus qu'elle ne la surmonte.

Qu'avons-nous à mettre en commun qui tienne à nos deux cultures respectives? C'est à cette question que nous achoppons. Et c'est là que se révèlent les contradictions et les échecs des responsables de la politique canadienne. Ils jouent alternativement sur deux tableaux. Pour trancher dans les embarras traditionnels de notre coexistence, ils écartent le poids des cultures, le réseau enchevêtré de nos attaches particulières, au nom d'une conception strictement fonctionnelle et rationnelle de la tâche politique: péréquation des ressources entre les provinces, droits de la personne, croissance économique, etc. Mais, pour proposer des solutions à ces problèmes, ils sont forcés de faire appel à des motivations puisées ailleurs que dans la raison: à un idéal communautaire qui fasse accepter aux provinces riches de partager avec les provinces pauvres, aux anglophones et aux francophones de devenir bilingues, aux groupes divers de se donner une même conception du développement susceptible de guider la croissance... En somme, ils empruntent à la culture tout en prétendant par ailleurs en dénier la portée. Ils nous demandent aux uns et aux autres d'oublier nos anciennes querelles pour nous axer résolument sur la construction du Canada de l'avenir; mais, pour nous mettre ensemble, il leur faut bien évoquer un certain passé commun, célébrer la Confédération, mettre sir John Macdonald ou sir Wilfrid Laurier sur les billets de banque,

promener Sa Majesté et les insignes de la monarchie sur
nos territoires... En fait, ils se sont imposé une tâche
impossible: celle de trier à notre place les bons et les
mauvais sentiments, les bons et les mauvais souvenirs.
Dans une situation nouvelle, on répète les scénarios qui
nous ont historiquement laissés dans l'éloignement et la
double solitude que l'on veut surmonter. Aux origines de
l'État canadien, quels rapports un peu étroits existaient entre
les images du pays à fonder chez les Pères francophones et
anglophones? Quelles interprétations parentes se donnaient
nos ancêtres respectifs du rôle de Laurier? Entendions-nous
de la même façon le *nationalisme canadien* de Bourassa?
Durant les deux dernières guerres mondiales, nos attitudes
envers la conscription ont été plus révélatrices encore; nous
nous sommes opposés non pas seulement par un *oui* ou un
non massif, mais selon des vues des choses qui ont fait que
la question elle-même se formulait à vos yeux et aux nôtres
dans des termes absolument différents. Une semblable
ambiguïté s'est reproduite lors du référendum de 1980.
M. Trudeau et les francophones de son équipe n'avaient pas
les mêmes figures pour nous et pour vous; et cela ne tenait
pas à une pratique de la duplicité que je ne songe pas à leur
imputer mais à la réfraction de leur image et de leur rôle
dans deux sociétés différentes. De notre côté, c'est d'abord
en tant qu'acteurs dans nos querelles domestiques que nous
les approuvions ou les contestions; de votre côté, vous les
jugiez selon des barèmes qui nous étaient étrangers. Comme
nos parents se sont prononcés à propos de guerres qui
n'avaient pas, de part et d'autre, la même signification. Le
plus souvent, nous tâchons d'aménager par des
amendements constitutionnels, des règlements, des
compromis et des appels à l'unité, un consensus qui ne
trouve pas ailleurs ses conditions concrètes. Si l'histoire de
notre dialogue politique s'avère un échec, c'est d'abord
parce que l'autre dialogue, celui de nos deux sociétés, de
nos deux cultures, est prisonnier depuis longtemps d'une
impasse que nous n'osons presque jamais regarder en face.

Le mépris réciproque nous a servi pour nous définir; quand nous voulions nous rejoindre malgré tout, nous inversions simplement les termes de cette problématique du mépris. Notre traditionalisme attardé devenait pour vous un aimable vestige folklorique qui contribuait à donner au Canada son originalité par rapport aux États-Unis; votre maîtrise de notre économie nous servait de modèle quand nous voulions nous *adapter* à la civilisation moderne.

Depuis 1960, vous nous avez répété, tantôt avec irritation, tantôt avec sollicitude: «Que veut donc le Québec?» Nous ayant toujours enfermés dans une image commode, nous voyant nous mettre en mouvement après ce que vous pensiez avoir été une stagnation séculaire, vous eussiez aimé que nous confessions des objectifs précis. Un peuple qui, depuis ses origines, a toujours été en tutelle, dont le visage officiel a constamment masqué les expériences et les désirs plus confus, a tenté de s'exprimer selon toutes les modalités à la fois; ne vous étonnez pas de la cacophonie qui en a résulté. Une figure plus cohérente de nous-mêmes ne pourra émerger que de cette prise de parole. Seuls des politiciens accoutumés à notre vieille consistance de surface ou soucieux de nous habiller d'une rationalité anonyme peuvent songer à nous figer au plus tôt dans une tranquillité apaisante.

Les indépendantistes ne sont pas les seuls à prétendre que la fédération canadienne est mal faite, que cet État est trop centralisé, que la politique se perd dans des batailles constitutionnelles et des conférences qui n'aboutissent jamais. La nécessaire concertation des peuples du monde ne se réalisera jamais dans de pareils imbroglios ni non plus dans un nivellement abstrait des différences.

Je sais bien que certains d'entre vous se posent ces questions dans des termes similaires. J'ai été frappé, entre autres signes, que dans son livre sur l'emprise des entreprises multinationales au Canada Mme Kari Levitt insiste sur les aspects culturels du phénomène: le suprême danger lui paraissait résider dans la manipulation des

cultures, des genres de vie et des besoins par les grands
pouvoirs étrangers; elle disait sa conviction que, si nous
sommes obligés de leur résister, ce n'est pas par vain goût
d'une autarcie économique, mais parce que les hommes
doivent être libres de définir leurs façons de vivre et leurs
raisons d'exister à partir de leurs coutumes et des solidarités
que leur a faites l'histoire[4]. Pour les mêmes motifs, nous
pensons qu'un développement authentique ne s'instaurera au
Québec que si nous faisons appel aux ressources de notre
culture propre et que c'est là que nous devons puiser d'abord
notre force et notre fidélité au service des hommes.

Il m'arrive de croire qu'en nous engageant dans cette voie
nous pourrions en arriver enfin à trouver les appuis d'un
vrai dialogue entre nos deux peuples. Nos interrogations et
nos espoirs peuvent vous paraître manifester un repli sur
nous-mêmes, un ethnocentrisme qui nous couperait irrémé-
diablement des autres, de vous en particulier. Mais le long
colonialisme que nous avons subi, nos nostalgies et nos
envies envers la France ou les États-Unis, une fausse conscience de soi n'étaient-ils pas une pitoyable insertion dans
le monde? Un peuple qui refuse d'être adulte par mépris
de lui-même est un mauvais partenaire.

Ne portez-vous pas pareil problème? Nous nous
ressemblons au moins sur ce point. Vous êtes aussi des
coloniaux: naguère des Britanniques de seconde zone,
provinciaux d'un empire où vous n'avez jamais eu grand-
chose à dire, menacés aujourd'hui de devenir des Américains
de seconde mouture. N'avez-vous pas besoin de vous
retrouver selon votre histoire et selon votre propre projet?
En 1867, la Confédération n'a réuni hâtivement que des
colonies. Cent ans plus tard, le Canada est-il en train de
devenir un territoire frontière des États-Unis, dont l'unité
politique ne serait que l'image illusoire d'une originalité
hypothétique? C'est par une reprise de son être propre que

---

4. Kari Levitt, *La Capitulation tranquille. La Mainmise américaine sur
   le Canada,* traduction d'André d'Allemagne, Montréal, Réédition-
   Québec, 1972.

le Québec contribuera le mieux à bâtir au nord des Amériques autre chose qu'un glacis de l'empire états-unien. Vous n'échapperez pas à pareil défi. N'est-ce point en poursuivant, chacun de son côté, cette reconnaissance de soi que nos deux peuples parviendront à une nouvelle alliance?

IV

UN PEUPLE, NOUS ?

La souveraineté du Québec est une exigence impérieuse ;
on entretiendrait une très grave illusion en croyant qu'elle
sera suffisante. Elle pourrait même servir d'alibi si nous
édifions un abri politique pour un peuple vidé par ailleurs
de ses raisons d'être. La souveraineté ne créera pas, par
miracle, une nation vigoureuse. La vitalité de notre
collectivité en Amérique dépendra toujours de bien d'autres
facteurs que de la structure de l'État : de la qualité de la
langue, de la valeur de l'éducation, de la créativité de la
culture, de l'équité des institutions et des rapports sociaux ;
en bref, du dynamisme que le peuple lui-même puisera dans
son identité.

Une identité problématique

Si l'on admet que l'existence des nations est légitime,
une question ne s'en pose pas moins : une nation comme la
nôtre vaut-elle la peine d'être continuée ? Les nations ne
sont pas éternelles ; il est vain de leur insuffler quelque vie
artificielle, de condamner des individus à une culture
anémique et à quelques lambeaux d'originalité sous prétexte
de défendre à tout prix un héritage.

De quel peuple s'agit-il ? Au vrai, nous ne l'avons jamais
très bien su. Pendant longtemps, nous étions simplement des
Canadiens, différents des *Anglais.* La génération de nos
parents, en milieu rural ou ouvrier tout au moins,

s'exprimait encore ainsi. Concurremment, nous avons aussi constitué une race. Quoi qu'on en ait dit, il n'y avait dans cette dénomination aucune connotation raciste: dispersée aux quatre coins de l'Amérique, empêtrée dans des allégeances étatiques multiples, la descendance française a bien dû nommer sa singularité et ses liens fraternels. Depuis peu, nous voilà devenus des *Québécois:* cela désigne-t-il des francophones ou les habitants d'un territoire? Aujourd'hui comme hier, notre identité est confuse. Interrogeant les événements et sondant les raisons de nos engagements, nous nous demandons parfois si nous menons jusqu'au bout un vieux désir de renaissance ou si l'heure de la défection n'est pas venue pour une collectivité qui n'avait pas la vertu de durer. À voir menacées les conquêtes fragiles de la Révolution tranquille, comment trancher entre la résurrection et la disparition?

Nous commençons à connaître assez l'histoire du Québec pour savoir que notre culture a été censurée par tant de pouvoirs adventices, tellement bousculée par des colonialismes politiques, économiques, religieux de tout bord qu'elle a survécu par de maigres moyens. À l'heure où nous entrevoyons la possibilité d'une émancipation politique, où nous commençons à mettre en œuvre les ruses d'une plus difficile émancipation économique, pourrons-nous voir enfin la végétation de notre culture grandir et dresser la tête au-dessus des revêtements sous lesquels elle s'était protégée pour se conserver? C'est déjà fait pour une large part: la poésie, la chanson, le roman, le théâtre sont devenus de grands arbres et qui sont bien de notre sol, on ne saurait s'y méprendre. Dans la vie quotidienne, la végétation est plus maigrichonne. L'art est à la culture ce que sont les fermes expérimentales à l'agriculture; dans les deux cas, la fécondité ne se mesure pas seulement à la qualité des fleurs de serre.

N'avons-nous pas souvent l'impression que nos genres de vie se détruisent sans donner lieu à des remaniements originaux, que nous changeons sans horizon et sans que se dessine la maîtrise des gens d'ici sur les perturbations qui se produisent? La famille, la religion, les rôles et les rituels sociaux, tant d'autres aspects de notre vie collective ont été bouleversés depuis la dernière guerre, et avec une accélération plus grande depuis une trentaine d'années. On ne niera pas qu'une mutation ne fût inévitable et nécessaire. Se dépouiller de toute nostalgie n'empêche pas de constater que ces transformations ont été inspirées par des changements venus d'ailleurs, par des modes, des théories, des justifications importées. Nous n'avons, en somme, inventé que peu de modèles, peu d'idéaux qui nous soient propres et qui puissent nous assurer que le changement, à part ce qu'il a détruit, porte notre marque et traduise notre volonté.

Je suis tenté de penser que, en voulant nous libérer de nous-mêmes, nous avons poursuivi en de nouvelles vicissitudes le vieux chemin du colonialisme qui est le nôtre depuis les origines de notre collectivité. Rien peut-être, parmi tant d'indices que l'on pourrait retenir, n'en témoigne plus douloureusement que le sort que nous avons réservé à la religion de nos pères. D'aucuns l'ont rejetée, mais sans ces crises ouvertement manifestées dont les sociétés d'Occident ont jalonné leur histoire. Nous avons rattrapé comme un postulat ce qui avait été pour les autres une expérience. Le débat public n'a pas eu lieu. D'autres ont voulu réformer la religion d'antan; là encore, rien ou presque rien n'est venu de nous; nous avons appliqué les décisions d'un concile qui était la résultante, la mise au point des tâtonnements d'autrui; ce concile ne nous devait guère, nous lui avons tout emprunté. Comme nous avions emprunté jadis, sans avoir vécu aucun drame philosophique qui nous soit propre, la scolastique thomiste traduite en dogmes et manuels. Comme nous avons importé, plus tard, une scolastique marxiste...

Et voici que surgit le débat crucial. Jadis, on ne doutait guère de la spécificité de notre culture: des traditions, la langue et la religion en étaient les témoins irrécusables.

Maintenant, certains prétendent qu'à part la langue il ne nous resterait plus rien de distinctif.

Pour ma part, il m'est arrivé de laisser entendre qu'il ne suffisait pas de parler français mais qu'il fallait vivre en français ; en guise de riposte, on m'a défié d'énumérer des traits originaux de notre culture. En fait, ce n'est pas tout à fait impossible. Dans une petite étude, rédigée avec l'humour obligé en la matière, le sociologue américain Peter Berger[1] s'est posé un problème de ce genre. Il suggère une modeste démarche : voulant savoir ce qu'est la culture d'un Français ou d'un Américain, demandez-lui de faire la liste des choses familières qu'il laisse derrière lui quand il part en voyage ou décide d'émigrer. Berger dresse lui-même une liste amusante. Les lecteurs pourront sans peine esquisser pareil inventaire pour le francophone du Québec et du Canada. Certes l'exercice n'est pas sans péril. Il est certain que nous empruntons beaucoup : le pepsi, le hamburger, le rock, *Dallas,* tant d'autres choses encore qui incitent d'aucuns à proclamer que, tout considéré, «nous sommes des Américains». Peut-être sommes-nous plus simplement des Occidentaux... En tout cas, ces emprunts ne datent pas d'aujourd'hui. Des choses aussi vénérables que la chaise berçante, les fèves au lard, le set carré, la raquette ne sont pas de notre cru.

Cela disqualifierait-il notre originalité ?

Originalité et assimilation

Toutes les cultures empruntent, et depuis toujours. La culture de la France, comme les autres, a tiré son originalité d'un prodigieux brassage d'influences. La Bible a assimilé des éléments venus d'Égypte, de Grèce et d'ailleurs et que décryptent les exégètes. Pourtant, il y a incontestablement une culture française et une tradition biblique. Dans ces cas-là comme dans celui de notre culture, on n'atteint pas l'essentiel en inventoriant des traits irréductibles à toute

1. Peter Berger, «Réflexions sur le patriotisme», dans *Affrontés à la modernité,* Paris, Le Centurion, 1980, 152-165.

ressemblance étrangère. Ce qui fait l'originalité d'une culture, ce n'est pas son repli sur quelque distinction originaire, mais sa puissance d'intégration.

Évidemment, nous voilà devant bien des décombres ; par contraste, nous avons tendance à nous représenter la culture de jadis comme plus cohérente et plus solide qu'elle ne l'était effectivement. Les idéologies d'autrefois ont contribué à créer cette illusion par leur allure systématique, la censure qu'elles faisaient peser sur les divergences. Ces idéologies ont été proclamées par des pouvoirs politiques et religieux soucieux de donner le sentiment de l'unanimité, d'opposer la figure plus ou moins imaginaire d'une culture d'exception aux contestations du dehors ou du dedans. Or ceux qui nous ont précédés en ce pays n'ont pas survécu en restant tous recroquevillés dans leurs villages, répétant des traditions sous la houlette d'élites nourries de produits autochtones. Qui d'entre nous ne compte pas parmi ses parents des errants qui, après un séjour aux États-Unis, sont revenus ici continuer de vivre en français ? Depuis toujours, nous connaissons les grands vents de l'Amérique. Écartons donc cette fausse conscience de nous-mêmes qui nous a renvoyé l'image d'un peuple tout entier enfermé dans son folklore, dans son originalité de solitude.

Notre vie en Amérique a constamment été un paradoxe ; elle ne cessera pas de l'être dans l'avenir, quels que soient les aménagements politiques. On aura beau nous répéter que les choses sont plus simples qu'hier, que nous sommes une majorité au Québec, cela ne doit point nous leurrer. C'est à la dimension du continent qu'il faut nous mesurer, comme d'ailleurs les anciens n'ont jamais cessé de le faire. Nous aurons constamment à rester nous-mêmes par l'assimilation d'influences de plus en plus nombreuses et pressantes, et non pas à nous réfugier dans quelque mur d'enceinte où nous pourrions cultiver nos nostalgies. Comme les organismes, les cultures ne se conservent pas en restant à l'abri des courants d'air, mais par ce dynamisme créateur qui est le signe de la vie. La vitalité intellectuelle du Québec depuis les années qui ont suivi la dernière guerre mondiale a tenu à une plus étroite proximité avec l'existence réelle des gens d'ici en même temps qu'à une plus grande ouverture aux quêtes extérieures. C'est dans cette voie qu'il faut continuer notre route ; ce doit être là notre souci, bien plutôt que dans la plantation des fleurdelisés.

À force de tourner les yeux vers Ottawa et de débattre sans fin de questions constitutionnelles, nous finissons par oublier le continent où nous sommes. Cela est d'autant plus grave que les États-Unis ne sont plus le géant débonnaire, décentralisé qu'a connu et admiré notre compatriote Edmond de Nevers à la fin du siècle dernier. Je n'apprendrai rien à personne en soulignant que nous sommes l'un des satellites d'une immense puissance ; les hommes politiques d'Ottawa nous en ont assez convaincus, s'il en était besoin. Avec le support des moyens économiques et l'extraordinaire expansion des médias, c'est un empire culturel qui s'édifie, en même temps que s'accroît une sorte de bourgeoisie multinationale auprès de laquelle apparaît caricaturale la petite bourgeoisie québécoise que taquinaient quelques-uns de nos idéologues domestiques. Il ne s'agit plus de savoir si nous allons manger des hamburgers ou des hambourgeois, s'il faut inscrire *stop* ou *arrêt* aux intersections, si on peut afficher en français en petits ou en gros caractères ; il s'agit de décider s'il est encore séant de vivre en français à proximité d'un empire où apparemment nous ne comptons pour rien. Il n'est guère besoin d'insister : les États-Unis sont un formidable fabricant de culture, de la pacotille la plus vulgaire aux chefs-d'œuvre les plus novateurs ; ils possèdent la population, les moyens matériels, les artistes et les savants capables d'imposer un style de civilisation. C'est déjà beaucoup pour nous intéresser. Mais en ne retenant que l'image de notre inquiétant voisin, nous risquons de méconnaître un défi plus décisif encore : les transformations rapides de la culture occidentale tout entière, qui menacent de nous déborder alors que nous en sommes encore à persuader les Canadiens anglais que nous

formons une société distincte ou à rafistoler superficiel-
lement notre système d'éducation.

Qu'est-ce donc qui nous a permis de durer dans le passé ?
Certes, la continuité silencieuse des générations et des
familles ; plus obscurément encore, les solidarités dans des
conditions précaires d'existence, la pauvreté partagée au
sein d'un peuple composé en majorité de démunis. Des
raisons de notre survie, des sources de notre originalité qui
ont rendu possible l'assimilation de tant d'influences, il s'en
est trouvé dans la vie de chaque jour. Cela n'a pas suffi. À
eux seuls ces ancrages dans le tissu de la quotidienneté ou
de la lente durée des générations ne nous auraient laissé
qu'une existence végétative dont la conscience, à la longue,
se serait perdue dans de pâles réminiscences de nous-
mêmes.

Au temps de mes premiers apprentissages de sociologie,
j'ai été témoin d'une scène qui illustre ce que je veux dire.
Yves Martin et moi préparions un schéma d'enquête à
Winnipeg. Là-bas, l'Église catholique est répartie en
paroisses ethniques. Assistaient à la messe dominicale de la
paroisse française quelques centaines de Métis descendants
de ces pionniers qui firent du bruit au temps de Riel.
D'origine francophone, ils ne savaient plus un mot de notre
langue. Un dimanche, le père curé les réunit après la messe
pour leur conseiller plutôt l'office de l'église d'à côté où
on parlait anglais. Alors, dans l'assistance, un Métis s'est
levé pour proférer cette simple phrase de protestation : «We
are French Canadians.» J'assistais au drame d'un peuple
qui vivait encore en français, mais ne pouvait plus l'affirmer
que dans une langue étrangère. Déchirant témoignage,
preuve la plus tragiquement démonstrative que la vie
quotidienne ne suffit pas à assurer la plénitude de la vie
française. Cette séparation de la conscience et de la parole
n'est pas d'abord due à une carence des politiques du
bilinguisme mais à l'injustice qui a privé ce peuple de ses
écoles, à l'absence d'institutions françaises.

Par comparaison, on saisit mieux pourquoi nous avons

vécu en français au Québec. Par la patience de durer au fil du temps, mais aussi, et par un complément obligé, grâce à un réseau d'institutions, à une conscience historique plus large qu'ont élaborée nos historiens, à la croissance d'une littérature et d'un savoir qui ont fait de nous un peuple capable de se reconnaître à la dimension d'une histoire et de se prêter au dialogue avec d'autres peuples. On dira tout ce que l'on voudra des carences de nos idéologies de jadis, on poursuivra sans fin le procès de l'Église d'antan et des pauvres rêves de nos anciennes élites sur notre vocation en terre d'Amérique, il reste que c'est d'avoir maintenu des institutions originales qui a fait de nous une nation, que nous pouvons encore dire en français ce que ce frère métis ne savait plus dire. Que la langue soit la marque la plus évidente de notre identité, personne ne le contredira. Mais, à elle seule, la singularité du langage est insuffisante, peut-être illusoire. Le président du Mouvement Desjardins, M. Béland, tenait des propos courageux lorsqu'il a réclamé que le français devienne une langue de la *décision*. Il faisait allusion aux conseils d'administration, alors que la portée de son discours va bien au-delà: elle a valeur symbolique. Une culture est capable d'assimiler des influences de façon créatrice dans la mesure où elle est supportée par le dynamisme des institutions.

Je m'attarderai là-dessus dans les prochains chapitres. Mais des institutions revigorées, à elles seules, arriveront-elles à assurer l'avenir de la nation française en Amérique? La situation qui est la nôtre ne nécessite-t-elle pas, au surplus, une conscience têtue de la légitimité de l'existence nationale? Un *nationalisme,* pour oser prononcer le mot?

Justification du nationalisme

Depuis que la souveraineté du Québec se profile à l'horizon, certains souhaitent qu'on congédie le nationalisme avec les vieilles lunes, qu'on se dépouille enfin des oripeaux du temps de la survivance et du retrait peureux dans la Laurentie. Et puis, à travers le monde, le

nationalisme se prête à tant d'abus, on l'utilise pour
tellement d'atroces besognes, qu'il faudrait s'en garder
farouchement, sinon pour se mettre à la mode, du moins
pour débarrasser sa pensée politique de tout ce qui pourrait
ressembler au fanatisme et à l'étroitesse d'esprit.
Le nationalisme est contestable, comme tous les
rassemblements humains autour de valeurs qui les
confirment dans l'existence. Le nationalisme peut conduire
au racisme, au nazisme par exemple. Mais le libéralisme
n'a-t-il pas couvert les pires injustices ? Le socialisme n'a-
t-il pas engendré les goulags soviétiques ? Le christianisme
n'a-t-il pas cautionné l'Inquisition médiévale ? Les valeurs
ne sont pas des étoiles lointaines qui projettent de vagues
lueurs au-dessus des hommes. Elles sont incarnées dans la
vie des personnes et des collectivités ; elles y sont nécessairement compromises, elles s'y égarent parfois.

Un ancien premier ministre du Canada affirmait
volontiers que le nationalisme nous ramène au tribalisme.
Il serait vain d'opposer à cette rhétorique une autre de la
même farine. Je voudrais plutôt revenir à des considérations
élémentaires.

La personne humaine est un être moral ; je veux dire
qu'elle aspire à dépasser les besoins primaires de la nature
et à poursuivre des idéaux. Ne nous hâtons pas de juger ces
idéaux ; prenons-les dans leur genèse. Que constatons-nous ?
Il y a une morale des communautés. Nos préférences, leurs
figures, leurs objets nous viennent largement de nos diverses
allégeances. Par ailleurs, nous avons l'irrépressible
sentiment que nous ne devons pas nous engluer dans ce que
notre entourage nous ménage ; la liberté de choisir nous
renvoie à une universalité des fins que peuvent gêner ou
pervertir les influences du groupe. Nous voilà donc partagés
entre des solidarités concrètes, où les valeurs sont notre
milieu, et des solidarités plus larges, où les valeurs sont
notre *horizon.* On reconnaîtra là, en grossière approximation, l'opposition de Bergson entre *morale close* et
morale ouverte. Mais on trahirait la pensée de Bergson en

concluant que chacun doit prendre au plus vite le parti de la morale ouverte et abandonner la morale close aux pauvres gens aveuglés par les préjugés de la tribu. Toutes les personnes font l'apprentissage des valeurs dans l'humilité des appartenances, de même qu'elles s'élèvent au langage à partir des balbutiements. L'humaine condition nous est transmise dans une famille et dans une patrie. Et, tout au long de notre vie, l'amour et l'amitié portent sur des êtres concrets et non sur le concept de la femme ou de l'homme en général. Si les valeurs sont notre horizon, elles habitent aussi parmi nous. Il importe de s'en souvenir quand on écoute les voix qui nous invitent au dépassement.

Certes, l'hypothèse qu'elles nous proposent est séduisante. Le monde ne s'est-il pas progressivement unifié? Nous ne sommes plus enfermés dans les enclos des villages et des pays. Les médias nous apportent de partout des informations sur le vaste univers. Des structures politiques préfigurent, péniblement il est vrai, quelque organisation mondiale qui, à la limite, rendra caduques nos arbitraires divisions étatiques. Tout semble nous orienter, du moins en théorie, vers ce qu'on a appelé le village planétaire. Ne serait-ce pas désormais l'idéal à poursuivre que de liquider les particularismes de culture qui sont autant d'empêchements à l'avènement, enfin, de l'*homme universel*?

Que serait donc cet homme universel?

Si je comprends bien l'imagerie que l'on nous en propose, il s'exprimerait en toute initiative dans la sphère de sa vie privée. Là, il serait parfaitement apte à définir ses valeurs, à choisir ses affinités. Hors de ce cercle, débarrassé de toute participation à des communautés plus vastes qui menaceraient de l'emprisonner dans le tribalisme, il ne serait plus qu'un monde en soi, sujet de structures qui lui garantiraient sa liberté par une série de « droits de la personne » consignés dans des chartes. Je trace une épure, bien entendu ; mais ne faut-il pas pousser jusqu'à la limite des présupposés largement répandus?

Cet homme universel fait question pour au moins deux raisons principales. La première concerne le bon usage des déclarations des droits de la personne. Je devrais ici m'attarder, car la référence aux chartes des droits suscite des difficultés où nos collectivités vont bientôt s'embourber; j'ai déjà insisté là-dessus. Conçues pour protéger ou promouvoir des droits individuels, ces chartes comportent d'excellents principes qui menacent de dissimuler les conditions de l'injustice. Les nazis ont assassiné des personnes parce qu'elles étaient juives; ce sont des individus noirs qui sont opprimés, mais en tant que noirs; c'est parce qu'ils sont du Tiers-Monde que des gens sont victimes du sous-développement; c'est parce qu'elles sont des femmes que des personnes sont en situation d'infériorité... La liste pourrait s'allonger, on le sait. Comment couper la personne de ses allégeances sans dépouiller la volonté de justice de son emprise concrète? Comment récuser des droits collectifs sans compromettre les droits individuels eux-mêmes?

Il y a une deuxième raison de mettre en cause l'homme universel. Quel pouvoir tutélaire, quel appareil complexe va lui assurer la satisfaction de ses droits? Nous entrevoyons la réponse puisque les éléments en sont sous nos yeux. L'homme universel, il est déjà présent parmi nous. C'est l'électeur de nos États, l'élève de nos polyvalentes, l'employé de la multinationale, le fidèle d'une Église centralisée. C'est aussi l'artisan qui actionne ces machineries où les autres sont embarqués à titre d'atomes semblables à lui. Car nous n'allons tout de même pas comparer les politiciens et les idéologues qui nous proposent de vastes superstructures, susceptibles de remplacer les communautés vivantes, aux héros de la morale ouverte que Bergson voyait à l'avant-garde, drainant avec eux les plus hautes aspirations de l'humanité.

Ce fut une conquête certaine que le dépassement des communautés fermées sur elles-mêmes, de façon que se dégage un statut politique des sociétés, qu'émergent le citoyen et le sujet de droit parmi les particularismes; il est tout aussi indéniable qu'il faille travailler à la consolidation d'un droit international encore précaire, avec les institutions indispensables; on ne contestera pas non plus l'urgence de resserrer les liens entre les États. Cependant, il serait périlleux que, pour y arriver, les particularismes se dissolvent dans de grands organismes planétaires où les technocrates de l'économie ou de l'idéologie domineraient en maîtres au nom de l'homme universel. Ce serait pour le moins un paradoxe que, sous prétexte de dépasser les nations, on en revienne aux vastes empires des temps anciens.

À l'origine des régimes constitutionnels modernes, les grands penseurs qui en ont défini les contours avaient insisté sur un point capital: les pouvoirs législatif, exécutif et judiciaire doivent être diversifiés afin d'entrer en concurrence et d'assurer un équilibre où le dynamisme politique puisse s'exercer. Élargissons cette perspective: la montée des grands organismes de pouvoirs, de la rationalisation des décisions et des technocraties qui la promeuvent a aussi besoin d'un contrepoids à sa mesure; l'individu recroquevillé sur la vie privée, fût-il prolongé par les antennes de chartes interprétées par les tribunaux, est manifestement incapable d'assurer la contrepartie.

Bien plus, le totalitarisme n'a pas épuisé ses ressources. L'homme sans classe et sans patrie du marxisme, l'*homme nouveau* du nazisme étaient des variétés parmi d'autres de l'idéal auquel rêvent encore quelques constructeurs de l'homme universel. Certes, il est des rêveurs moins ambitieux qui exaltent l'homme démocratique identifié aussi à l'homme universel; mais, à l'encontre du totalitarisme, la démocratie récuse par principe tout ce qui masque les conditions où l'on devient un citoyen responsable. Par principe encore, elle fait monter au niveau des débats politiques la pluralité des appartenances et des valeurs. C'est pourquoi elle n'enferme pas dans un système; elle est sans cesse en devenir par la reprise en charge du défi de la diversité qu'elle a posé au départ comme son irréductible présupposé.

On oublie parfois que l'édification des nations dans les temps modernes a représenté un dépassement des communautés étroites. La tribu postule une parenté de ses membres, la filiation à partir d'une origine commune symbolisée par les grands ancêtres. La nation rassemble autour d'une référence plus large et d'une autre espèce : un devenir proprement historique où ont joué des solidarités, le partage d'un héritage de culture, l'adhésion à des institutions dont on est fier, la confiance dans un certain destin collectif. C'est pourquoi la nation est capable de pluralisme, accueillante envers différentes familles d'esprit. Loin de cultiver l'uniformité au nom de quelque caractère racial ancestral, elle perpétue sa vitalité par l'apport d'influences renouvelées. Évidemment, cette ouverture ne va pas de soi ; elle suppose la vigilance politique, cette autre dénomination de la démocratie.

Le lecteur ne manquera pas d'observer que *nation* et *nationalisme* ne sont pas des concepts identiques. C'est certain, bien que la démarcation ne soit pas facile à préciser. On peut supposer qu'une nation assurée de sa survie et de son épanouissement suscite chez ceux qui en font partie un attachement vécu spontanément, sans que doivent intervenir des discours ou des mouvements qui confirment cet attachement. Viennent des menaces d'assimilation ; alors il faut ranimer les raisons de l'existence de la nation et mettre en œuvre les stratégies appropriées. On connaît évidemment des usages différents : n'importe quel malaise social peut provoquer un recours au nationalisme, alibi propre à mobiliser les foules au profit des pouvoirs ; le nationalisme a aussi servi d'aliment aux impérialismes et aux colonialismes. Le nationalisme est donc ambivalent. C'est en s'en souvenant qu'il convient de juger du nôtre. Celui-ci a été longtemps une réaction de défense. Menacés depuis des siècles par l'assimilation, nous lui avons opposé des remparts fragiles. Ne méprisons pas trop ces vieilles stratégies; elles nous confirment au moins que notre nationalisme n'a jamais prétendu, contrairement à bien d'autres, opprimer quiconque. Nous rêvons maintenant à une autre étape, à une croissance qui ne soit pas constamment obsédée par la survie. Pour l'heure, nous consentons à être nationalistes afin qu'un jour il nous soit possible d'être simplement d'une nation sans nous empêtrer constamment dans des tractations susceptibles de nous faire reconnaître comme *société distincte*.

Ce qui nous réconforte dans cette volonté, ce ne sont pas seulement nos traditionnelles réactions contre les dangers de disparition. C'est aussi le spectacle du monde où partout se conjugue le double mouvement vers la rencontre et l'approfondissement des différences. Nous avons la conviction de dépasser nos frileux replis d'antan pour participer à la construction d'une humanité qui s'ouvrira d'autant plus à l'universel qu'elle sera nourrie par la diversité des patries.

V

L'AVENIR D'UNE CULTURE

On se souvient de la page émouvante de Valéry : «*Elam, Ninive, Babylone* étaient de beaux mots vagues, et la ruine totale de ces mondes avait aussi peu de signification pour nous que leur existence même. Mais *France, Angleterre, Russie...* ce seraient aussi de beaux noms. Lusitania aussi est un beau nom. Et nous voyons maintenant que l'abîme de l'histoire est assez grand pour tout le monde. Nous sentons qu'une civilisation a la même fragilité qu'une vie[1].» *Québec français, Amérique française,* de beaux noms ? En tout cas, ce sont dénominations incertaines d'un peuple minuscule qui n'osera jamais se réclamer d'une civilisation à lui. Sa disparition dans l'abîme de l'histoire dont parle Valéry ne dérangerait guère le monde et ne mériterait même pas la nostalgie du souvenir.

Qui n'a songé, plus ou moins secrètement, à la vanité de perpétuer une telle culture ? Cet aveu devrait commencer toute réflexion sur l'avenir. Nous avons à répondre de la légitimité de notre culture, et plus ouvertement que nos devanciers. La plupart d'entre eux n'avaient d'autres ressources que de suivre la voie de la fatalité ; beaucoup d'entre nous, plus instruits, davantage pourvus de moyens financiers, disposent des moyens de quitter ce modeste enclos sans bruit ou avec fracas, exilés de l'intérieur ou de l'extérieur. Oui, les privilégiés ont le loisir de se réfugier

1. Paul Valéry, *Variété I,* Paris, Gallimard, 1924, 12.

dans l'ironie ou la fuite. Mais, grandes ou petites, les cultures ne meurent pas d'une subite défection ou d'une brusque décision. Une lente déchéance, où des éléments hérités se mélangent à ceux de l'assimilation : ainsi se poursuit, pendant des générations, l'agonie des cultures qui n'épargne que les nantis.

Refuser ou accepter que nos compatriotes soient engagés dans cette déperdition d'eux-mêmes, partager ou non avec eux la tâche de maintenir la valeur *pédagogique* d'une culture : tel est le choix qui se dresse devant l'avenir. Le reste, la souveraineté aussi bien que le nationalisme, n'a de raison d'être que par rapport à ce dilemme. Un dilemme qui demeure le fil, ténu mais résistant, d'une tradition.

Qu'avons-nous fait de la culture?

La Révolution tranquille n'a pas eu qu'une portée politique. Il est vrai que l'on retient d'abord les grands changements dans les fonctions de l'État, le système scolaire, l'aménagement des services sociaux ; on se souvient aussi des heurts idéologiques, des fluctuations des partis et des mouvements sociaux. Il est beaucoup plus difficile d'évaluer ce qui s'est produit dans les attitudes et les mentalités, dans la culture pour tout dire. Il faudrait d'abord revenir loin en arrière, décrire l'héritage qui était le nôtre au moment où, après la dernière guerre mondiale, se sont fait sentir les ébranlements décisifs. Tâche difficile, car les idéologies d'antan masquaient une réalité dont elles prétendaient par ailleurs rendre compte. À l'aube de la Révolution tranquille, Pierre Vadeboncoeur a essayé, par des touches subtiles qui sont dans sa manière, de peindre sur le vif le malaise de ce temps apparemment si lointain. Je renvoie à *La Ligne du risque,* non sans retenir au moins ce passage qui donne une idée du témoignage de l'auteur : «D'une part, une liberté paralysée par un conformisme des idées et de l'esprit tel qu'il n'y en a probablement pas d'exemple équivalent dans les sociétés occidentales ; tout est permis sauf de risquer le moindre mouvement de tête, la

moindre erreur. D'autre part, une licence à peu près illimitée
dans les comportements pratiques et quotidiens, comme si
la liberté, qui devrait être la reine de l'esprit, forçait le soir
sa prison pour devenir la propre à rien bien humaine, trop
humaine, qui trouve sur le trottoir, à défaut de les exercer
ailleurs, l'usage de ses talents[2].» Le portrait de Vadeboncoeur rejoint des propos similaires et plus anciens
d'Olivar Asselin, de Jules Fournier, de quelques autres. La
duplicité du langage et des conduites semble bien avoir
caractérisé notre culture de jadis : un discours officiel sans
prise véritable sur la vie, que l'on reprenait comme une
obligation de convention ; une existence sans langage qui
puisse l'authentifier.

Vadeboncoeur espérait que la liberté allait nous rendre la
parole en même temps que l'audace de l'esprit. Est-ce bien
ce qui s'est passé ? N'était-il pas fatal que la liberté se
cherchât par des chemins tortueux, qu'elle se soit faite
sauvage après un excès d'hypocrisie ? Cette histoire ne sera
pas facile à démêler ; je ne m'y attarderai pas pour le
moment. Essayant tout de même de retrouver un peu le
climat de la Révolution tranquille en son automne, au
moment où des incertitudes nouvelles commençaient à nous
assaillir, j'ai relu quelques pages écrites en 1974 ; j'y
reconnais une colère dont j'avoue ne pas m'être tout à fait
départi, alors que les choses que j'évoquais ont changé à
nouveau...

Avril 1974

Dans un livre récent sur le design, Georges Patrix
raconte comment se déroulent les apparitions du président
de la République française à la télévision. La RTF a fait
fabriquer pour ces circonstances un bureau de style
Louis XV que le garde-meuble doit épousseter, j'imagine, à
chaque moment de crise ou de solennité. Le téléspectateur
peut admirer une magnifique bibliothèque de style Empire ;

---

2. Pierre Vadeboncoeur, *La Ligne du risque* (1962), nouvelle édition,
    Montréal, Fides, 1993, 8.

ce n'est qu'une photographie prodigieusement agrandie.
M. Pompidou entre en scène après quelques mesures d'une
musique de Lulli. La culture accompagne le Président,
confirme sa légitimité, lui donne le droit de mettre son
discours dans la foulée de la tradition. Du conservateur des
musées nationaux au potache qui rêve de supplanter le
directeur de la revue Tel quel, *de l'ouvrier qui pousse son*
fils aux études à l'instituteur de Colombey-les-Deux-Églises,
chacun peut vérifier que les signes sont bien en place et
que la parole enfin aura un sens. Le quart d'heure terminé,
les employés de la RTF remisent le bureau, roulent
soigneusement la photo de la bibliothèque, vont porter le
disque de Lulli à la discothèque en retour d'un reçu timbré ;
les téléspectateurs peuvent se diriger vers le frigidaire.

M. Pompidou ou les « beaux dimanches » de la culture.
Mais vous pourrez désormais assister au théâtre à l'heure
du lunch. C'est simple, et cela demeure au ras de la vie. À
midi, vous refermez votre livre de comptabilité ou vous
laissez votre stéthoscope à la salle d'urgence. Vous prenez
votre voiture pour vous rendre au théâtre. Si vous êtes
manœuvre à la Canadian Precision, prenez l'autobus. Une
fois parvenu au rendez-vous de la culture, plutôt que de
manger comme d'habitude en parlant à votre voisin,
regardez, écoutez. Regarder, écouter : cela reste toujours la
culture, comme chez M. Pompidou. Mais quelle différence !
Vous ne serez pas aliénés dans la France éternelle ou les
alibis bourgeois des vieux meubles. C'est de vous qu'il sera
question, de votre vie quotidienne. Sur la scène, un
comédien va vous raconter une « Histoire d'amour et de Q »
(c'est le titre de la pièce) pendant qu'un autre fera
« ressortir le récit en regardant des revues cochonnes ou
encore en faisant l'amour avec un mannequin gonflable »
(Le Devoir, 6 mars 1974, p. 25). Ces deux messieurs vous
feront part de bien d'autres prodiges encore qui se
rapportent à votre vie la plus quotidienne et à vos joies les
plus humbles.

« Pour faire changement à l'heure du lunch », écrit le

critique du Devoir, *à propos de cette pièce. Il parle aussi d'«un divertissement facile, agréable...» Et je cite encore, juste pour vous mettre l'eau à la bouche: «L'amour, c'est le Q... et le Q, c'est l'amour. Tel est le sujet de la pièce. Cette pièce à deux personnages est un bon moyen de passer l'heure du lunch, malgré un rythme trop lent et une facture poétique pas toujours heureuse. La façon amusante dont le sujet est traité aide à distraire le public.» Elle aide aussi, je présume, à oublier Tristan et Iseult. Et que M. Pompidou se le tienne pour dit: enfin la culture ne se promène plus au ciel de la poésie en vase clos.*

On a bien du mérite à mettre ainsi la culture dans votre sandwich. Ce ne sont pourtant que des représentations. Il faut aller plus loin, déraciner courageusement les alibis bourgeois qui vous incitent à envoyer vos enfants à l'école et qui vous font attendre l'obscurité pour vous glisser jusqu'au théâtre. La culture, c'est de la politique; les classes dominantes se pressent dans la boîte du souffleur quand s'agitent sur la scène les personnages de Racine. Uniquement soucieuse de rendre la culture au peuple, consacrant pour cela une fraction importante des contributions syndicales à de jeunes spécialistes qui ont le loisir de lire Karl Marx ou ses épigones pour en faire des manifestes, la Centrale de l'enseignement du Québec (CEQ) vient de tracer un vaste programme de remise en question de l'école, lieu de toutes les aliénations. En effet, qui sait mieux qu'un professeur que la culture c'est de la foutaise? Il gagne sa vie avec la culture.

Aussi, 1200 membres du syndicat des professeurs de la ville de Laval se sont réunis, le 20 mars, pour discuter du rôle de l'enseignant et de l'école dans la société. Pour orienter cette prise de conscience, on l'avait centrée sur le manifeste de la CEQ intitulé: «L'école au service de la classe dominante.» Ne vous récriez pas: ce n'était pas de la propagande, comme celle que diffuse M. Pompidou dans ses vieux meubles. Il y avait des animateurs*: vous savez, ces spécialistes qui ne pensent à rien sauf à vous faire penser par vous-mêmes...*

*Il paraît (*Le Jour, *22 mars 1974, p. 6) que les professeurs* *ont protesté : « On veut nous manipuler, les questions sont orientées, etc. » Car dans ce genre de spectacle culturel, à l'encontre de ce qui se passe avec M. Pompidou ou au théâtre du midi, on peut parler. Malgré tout, les résultats sont encourageants si j'en crois le journal : « Le politique, nous n'y sommes pas encore préparés, ont dit les professeurs, et le maoïsme, le marxisme et autres ismes font peur ; mais au demeurant ils ont convenu que l'école abrutit l'enfant et que le problème de l'école qui reproduit les classes sociales, ils le vivent. » Et le journal ajoute : « Plusieurs animateurs, en fin de journée, étaient un peu découragés. Mais comme nous l'expliquait le président du syndicat, "d'ici mardi prochain, ils auront réagi différemment et réalisé que nous avons atteint les objectifs recherchés, malgré tout ".»*

Mardi ou mercredi, qu'importe. Nous sommes dans la bonne voie. Ayant compris qu'ils ne sont que des reproducteurs de la culture dominante, les professeurs vont démissionner. Simple question de logique. Les animateurs iront animer ailleurs : pourquoi pas les vieux qui ont payé pour la réforme de l'éducation et qui risquent de mourir avant de savoir qu'ils sont des imbéciles ?

Quelle culture ?

Mais abandonnons aujourd'hui toute rancœur... L'été, dans le pays ancestral de Charlevoix où je reprends racine, je fais de temps en temps une visite à la petite bibliothèque municipale des Éboulements. Je furète dans les rayons, je cueille quelques bouquins. Je feuillette aussi le fichier des emprunts, rêvant autour de lecteurs imaginaires. Par la fenêtre qui ouvre sur la montagne, je peux voir les verts pâturages, et plus près les vieilles demeures et les édifices tout neufs. Cela compose, en microcosme, un paysage de culture. Comment en pénétrer la signification, discerner ce qui mène de ce village à l'enceinte des livres, ce qui inspire le travail fervent des bénévoles et le choix des volumes que la jeune caissière du magasin général vient d'emporter ?

On distingue couramment deux acceptions de la notion de culture. Depuis longtemps, on y comprend les œuvres de l'esprit : la littérature, la musique, la science. Un individu *cultivé* est censé faire de ces œuvres l'aliment de ses pensées, de ses sentiments, de son existence. Par ailleurs, et cette acception est plus récente, la culture désigne des genres de vie, des modèles accoutumés de comportement, des attitudes et des croyances. C'est là une distinction de manuels, et qui, si on la durcit, suggère une vue toute plate de ce qui est en cause. Elle risque de nous faire méconnaître les liens qui existent entre la création des œuvres et l'humus social d'où elles naissent et qu'elles dominent. Certes, les créations de l'art ou de la science ne sont pas les produits obligés de la culture commune. De même, l'éducation scolaire n'est pas le prolongement des genres de vie puisqu'elle initie à des savoirs et à des habiletés qui ne sont pas tous en germe dans l'ordinaire des jours. Il n'en reste pas moins que l'accès à l'art et à la science s'appuie sur des préalables du milieu, sur des appartenances de classes, d'ethnies, de familles[3].

Poussée à l'extrême, la dichotomie menace de nous faire voir dans la culture commune une pâte informe que seul pourrait soulever le levain de l'autre culture, celle qu'élaborent les artistes et les savants. Or la culture dont vivent quotidiennement les sociétés est aussi travail de l'esprit : façons de se nourrir et de se vêtir, rituels de la politesse, croyances qui habitent les individus, interprétations qu'ils donnent à leur labeur et qu'ils laissent voir dans leurs loisirs, conceptions qu'ils professent de la vie et de la mort... Il y a culture parce que les personnes humaines ont la faculté de créer un autre univers que celui de la nécessité. Le langage en est la plus haute incarnation. Nous parlons pour dépasser le déjà-là, pour accéder à une conscience qui transcende le corps comme chose et autrui comme objet. Au

---

3. Je me suis attardé sur la dialectique des deux cultures notamment dans *Le Lieu de l'homme,* Montréal, HMH, 1968. Rééditions Fides et Bibliothèque québécoise, 1994.

Québec, nous ne veillons pas au destin de la langue française seulement pour défendre la marque distinctive d'une entité nationale ; avant tout, nous voulons sauvegarder la première exigence, le premier symbole de la dignité humaine, ce qui fait des francophones des êtres de culture. Et, la langue n'étant que la plus belle fleur d'une culture, nous ne la dissocions pas de sa tige ni de ses racines. Dans l'attachement que nous lui vouons, nous englobons la communauté dont elle est l'héritière et la gardienne. À partir d'elle, nous nous reportons à tous les problèmes qu'affronte cette communauté, aux changements dans ses façons de vivre, à ses empêchements et à ses projets.

Nous utilisons spontanément un langage, des modèles, des rituels sociaux sans toujours en prendre conscience ; nous endossons ou nous réprouvons des discours, des idéologies qui concernent les divers aspects de nos vies ou de celle de la Cité. Ce langage, ces rituels, ces discours nous insèrent dans une nation, une communauté politique, une classe, une génération. Ils nous offrent des outils pour nos conduites et nos pensées, mais aussi une référence pour nous situer dans l'histoire, pour nous conférer une identité que nous partageons avec d'autres. On commettrait donc une grave méprise si, la part étant faite à l'art et à la science, on réduisait le reste à une analyse purement objective des genres de vie. La culture est une pédagogie des personnes inséparable d'une pédagogie de la communauté. L'éducation ne commence pas avec l'initiative des écoles ; toute la culture est éducatrice.

Grosse affirmation, et qui ne manquera pas de soulever des objections. Dans un petit livre qui eut quelque retentissement, Alain Finkielkraut s'insurge contre l'usage intempérant de la notion de culture : voici, dit-il, que « tout est culture... du geste élémentaire aux grandes créations de l'esprit » ; la diversité des cultures est exaltée au détriment des « valeurs universelles ». Selon l'auteur, les conséquences de cette inflation sont graves : on préfère le « cocon national » à la « grande société des esprits », « la culture comme origine à la culture comme tâche». En terminant, il dénonce «l'identité culturelle qui enferme l'individu dans son appartenance et qui, sous peine de haute trahison, lui refuse l'accès au doute, à l'ironie, à la raison[4]». Ce vigoureux coup de semonce n'était pas inutile. Toutefois, il peut entraîner à son tour de nouvelles méprises. Il est permis de se préoccuper du sort de la culture québécoise sans nécessairement prêcher pour le «cocon national» ou l'exclusive de la «culture comme origine».

C'est entendu, en décrochant du milieu, en le contestant, l'art, la littérature, la science contribuent à cette «formation», à cette «ouverture au monde», à ce «soin de l'âme» dont se soucie justement Finkielkraut. Admettons donc sans réticences que les œuvres de l'esprit font accéder à une espèce de noosphère qui éloigne de la vie commune, et même la disqualifie. On ne confondra pas la marche à pied avec le ballet ni la conversation au coin du feu avec les *Dialogues* de Platon; la beauté de l'environnement et la civilité des rapports sociaux ne sont pas pour autant méprisables. Devons-nous nous borner à définir néga-tivement la culture commune, à y voir simplement ce que l'art et la science écartent pour se faire une place? Afin de communier avec les œuvres de l'esprit, de se convertir au *doute,* à *l'ironie,* à la *raison,* faut-il rompre avec le monde des communes appartenances, cesser de partager avec d'autres de semblables références? Le souci de la Cité, de son destin, de l'équité des rapports sociaux est-il dépourvu de noblesse? Le lieu où se déroule la vie quotidienne, la valeur du langage qui préside aux échanges, la qualité de la sociabilité ne méritent-ils pas quelque soin?

S'il est vrai que la culture comme horizon se constitue aux dépens de la culture comme milieu, il est pertinent de se demander comment on passe de l'une à l'autre. Or il est banal de répéter, puisque tant de travaux le confirment, que les milieux sociaux sont inégalement favorables à cette

4.   Alain Finkielkraut, *La Défaite de la pensée,* Paris, Gallimard, 1987, 150, 20, 38, 113, 183.

migration. La classe sociale, la famille sont des facteurs positifs ou négatifs, même si leur rôle n'est pas absolument déterminant. Il en est de même pour la nation. Le système d'éducation, la facture de la langue et le prestige qu'on lui accorde, la richesse ou la pauvreté de l'héritage culturel, la condition de majorité ou de minorité, la qualité de l'esprit public : cela n'est pas sans incidences sur l'accès aux œuvres de l'esprit. Après tout, on ne passe pas tout son temps au concert ou le nez dans les livres ; ce que l'on puise dans ces moments privilégiés doit bien rejaillir sur la vie ordinaire, à la condition que celle-ci suscite un certain appel et quelque complicité.

Donc, la culture nationale (comme la culture populaire, qui s'y identifie pour une part) mérite nos efforts. S'inquiéter des vicissitudes de la mémoire collective, du péril de la langue, de la qualité de l'école, pour tout dire de la *raison commune,* ce n'est pas indifférent à l'avenir de la poésie.

Aussi les Québécois d'autrefois n'avaient-ils pas tort de veiller à la sauvegarde de leurs coutumes. Certes, les temps ont bien changé. Les traditions n'ont pas toutes disparu, beaucoup d'attitudes et de modèles se transmettent encore par la médiation habituelle des relations sociales ; cependant, une grande partie du milieu culturel est devenu objet de fabrication et de manipulation. Les messages des médias, la rumeur des publicités et des propagandes ont bouleversé les héritages. Pour une large part, la vie sociale est désormais une construction, un bricolage fait de matériaux disparates. Ces arrangements s'usent vite, sont rapidement remplacés par d'autres, s'adressent à des publics labiles. L'emprise sur le temps, l'enracinement dans des espaces concrets deviennent difficiles.

La création des œuvres de l'esprit, la communion avec celles de jadis sont contaminées par cette perpétuelle mouvance. Les traditions n'arrivent plus à nous situer dans l'histoire, nous devons veiller à l'instauration d'une conscience historique qui domine les genres de vie. La

transmission quotidienne des modèles et des rituels ne
parvenant plus à créer des contextes significatifs pour nos
existences, le partage du savoir doit permettre de digérer les
productions des médias et des publicités. Conscience
historique, partage du savoir : on ne voit pas que ce double
effort collectif pour élever le niveau des *raisons communes,*
pour vivre avec les autres, contredirait l'invitation à «vivre
avec la pensée».

Pour une mémoire historique

Une personne a un avenir en se donnant des projets ; mais
cela lui serait impossible sans le sentiment de son identité,
sans son aptitude à attribuer un sens à son passé. Il n'en va
pas autrement pour les cultures. Elles ne sauraient affronter
les aléas de l'histoire sans disposer d'une conscience
historique. Quand, dans son célèbre rapport, Durham
prétendait que nous étions «un peuple sans histoire», il ne
voulait évidemment pas dire que nous n'avions pas de
passé ; il constatait que ce passé n'avait pas été haussé au
niveau d'une conscience historique où un ensemble
d'individus eussent pu reconnaître les lignes d'un même
destin, les repères d'une continuité collective. Nous avions
un passé ; nous n'avions pas encore de mémoire historique.
Par la suite, l'essor de notre littérature, les travaux de nos
historiens, l'enseignement de l'histoire, les combats
politiques et les développements idéologiques qu'ils ont
entraînés ont fini par insinuer une mémoire collective dans
le corps social. Cette mémoire a souvent été vacillante dans
bien des couches de la population ; elle a été trop
dogmatique ou trop conventionnelle dans les classes
instruites. Du moins, le fil n'en a jamais été perdu. Mais
c'était une mémoire pour la société de jadis. Une collectivité
doit remanier sa mémoire en fonction des conjonctures qui
surviennent ; on se souvient à partir des défis du présent, à
moins que l'on se serve du passé comme alibi pour ne pas
affronter l'avenir.
Au cours des années 1960, il me semble que nous avons

été impuissants à rafraîchir notre conscience historique. Je ne mets pas en cause les recherches de nos historiens. Mais la mémoire collective n'existe pas que dans les livres d'histoire. Elle se trouve aussi plus au ras du sol, dans les traditions des familles et des mouvements sociaux, dans les discussions politiques. Or nous avons assisté à un débordement de rancœur envers le passé. À peu près tous nos gestes d'avant ont été récusés. Sans doute faut-il périodiquement dépoussiérer les statues et réviser les hauts faits enrobés de rhétorique. Il est des moments où une énergique psychanalyse fait grand bien à la mémoire des peuples autant qu'à celle des individus. À la condition qu'elle n'aboutisse pas à un constat généralisé de l'échec cultivé avec masochisme.

La Révolution tranquille est allée plus avant. Cette fois, la rupture a été consommée. Il a paru à nos élites que, pour concevoir des projets d'avenir, il ne suffisait pas d'un recommencement; il a semblé qu'on devait apprivoiser l'avenir par le déni du passé. Difficile entreprise : comment une capacité de création adviendrait-elle à un peuple s'il est convaincu d'avance que ce qu'il a auparavant accompli est sans valeur? Nous sommes donc redevenus, d'une certaine façon, «un peuple sans histoire».

L'éducation scolaire y a contribué. Étrange pédagogie qui a privé de mémoire toute une génération. N'a-t-on pas supprimé l'enseignement obligatoire de l'histoire dans les écoles durant plusieurs années? Ce que nul peuple en Occident n'avait pensé faire, nous y sommes parvenus. «Il faut, écrivait Paul-André Comeau, avoir discuté avec les stagiaires français de l'Office franco-québécois pour la jeunesse pour saisir l'ahurissement des étrangers lorsqu'ils découvrent l'inculture totale de leurs hôtes québécois au chapitre de l'histoire universelle, de l'histoire du Québec et du Canada.» Je puis rendre un témoignage semblable à partir de ma pratique de l'enseignement : la méconnaissance de l'histoire, et pas seulement de celle du Québec, fait des étudiants, pourtant aussi intelligents et aussi avides de connaître que ceux de n'importe quelle autre génération et de n'importe quel autre pays, des êtres sans prises dans l'aventure humaine. Gardons-nous de ramener cette carence à un simple défaut d'érudition dans la formation de l'honnête homme. «Cette lacune majeure, soulignait encore Comeau, entraîne des conséquences catastrophiques lorsqu'on envisage la socialisation politique de ces jeunes. L'absence de références historiques, l'ignorance des racines, l'indifférence au passé qui a structuré la collectivité d'ici, tout cela contribue à enlever tout sens au projet des uns, à la lutte des autres. La question nationale s'assimile vite à quelque entreprise folklorique[5].»

L'avenir? Pour nous y engager avec résolution, nous devons nous refaire une mémoire. Il ne s'agit pas de distribuer à tout le monde *Notre maître le passé* du chanoine Groulx. La perte provisoire de la mémoire nous aura été peut-être bénéfique; il est parfois d'heureuses amnésies. C'est d'une mémoire d'aujourd'hui que nous avons besoin. Commençons par l'enseignement; rendons à l'histoire, celle du vaste monde autant que celle du Québec, la place considérable qu'elle doit occuper dans la formation des jeunes afin qu'ils s'y retrouvent dans un univers particulièrement mouvant. Ces temps-ci, on discute beaucoup de *formation fondamentale,* effaré devant l'éparpillement de connaissances qu'ingurgitent les jeunes sous la poussée d'aînés en mal d'encyclopédie. À tout prendre, pour être un citoyen, deux savoirs sont indispensables: la langue et l'histoire. Pouvoir exprimer ce que l'on ressent et ce que l'on pense, faire monter de ses actes la parole qui les prolonge; être conscient de sa place dans le dévidoir du destin des hommes et s'y engager en conséquence: est-il un autre idéal de l'humanisme et un autre accomplissement d'une culture?

L'enseignement de l'histoire propose des courbes d'évolution historique; n'est-ce pas aussi dans l'environnement,

---

5. Paul-André Comeau, «Avons-nous comme peuple la volonté de survivre?», *L'Action nationale,* LXXVIII, 9, novembre 1988, 836.

dans le paysage quotidien que l'on doit reconnaître les symboles et les repères d'une continuité et d'une mémoire de sa propre humanité ? Telle est bien la signification première du patrimoine ; et on a tort de le ramener parfois à une attraction pour touristes ou à une aimable toquade d'archéologue amateur, alors qu'est en cause l'essentiel de ce que j'appelais la culture comme *milieu*. Quand je me promène dans une ville ou un village, je perçois à chaque pas des signes d'une humanité, la profondeur d'un passé ; cela n'a rien à faire avec la nostalgie du poêle à bois ou de la chaise berçante. Certes, comme nous faisons pour le roman, le théâtre, le tableau, la sculpture, le poème, nous mettons le patrimoine à distance, dans des musées et sur des places. Lui aussi peut être reporté à l'horizon de l'existence, montrant à sa manière que l'homme n'est pas englué dans le monde comme un insecte ; mais prenons garde d'emprisonner le patrimoine dans ces enceintes. Entre horizon et marginalité, la confusion est fréquente. Elle se traduit d'habitude dans nos aménagements de l'espace social ; la culture y est confinée dans des endroits destinés à la contemplation. Culture pour voyeurs, sans prise sur les lieux ordinaires et la vie commune ?

Il y a quelques années, je me trouvais dans une ville européenne importante ; avant un dîner officiel, le maire avait entraîné ses invités dans une visite du vieux quartier, nous faisant admirer des édifices reconstitués avec de vieilles pierres provenant de démolitions. Il fallait comprendre que les élus municipaux se souciaient de la culture, du patrimoine. J'étais tout près d'acquiescer. Mais une plus libre promenade dans la ville et de moins officielles informations m'ont vite détrompé : en dressant à l'écart un monument au patrimoine, on avait surtout nettoyé le territoire urbain pour la spéculation foncière et les appétits des entrepreneurs, pour les touristes et la bonne conscience. Il n'est pas nécessaire d'aller si loin : à Québec, l'autoroute Dufferin a complètement défiguré un quartier de la Basse-Ville et, pour compenser sans doute, on a reconstitué plus ou moins artificiellement, non loin de là, la place Royale ; belle image, inscrite sur le sol, de la juxtaposition du progrès et du musée... Alors que, de vocation, le patrimoine devrait ramener aux sources d'une culture communautaire. Au Moyen Âge, les monuments, les cathédrales ont offert à tous une puissante imagerie d'une culture partagée ; pourquoi ne pas imaginer, sans céder à de vaines utopies, que le patrimoine puisse aujourd'hui constituer une médiation de ce genre ?

Ne serait-il pas aussi un adjuvant nécessaire à la participation politique ? Mobiliser des citoyens pour éplucher des budgets, évaluer l'utilité d'un équipement ou vérifier l'efficacité du service de ramassage des ordures : cela est important sans doute et intéresse la Cité, mais ne fait guère appel à des mobiles profonds. Notre conception de la démocratie est trop formelle, trop abstraite. Elle ressemble, par une sorte de mimétisme, aux préoccupations des bureaucraties auxquelles elle prétend faire contrepoids. Nos idéaux de la participation se bornent fréquemment à la multiplication des comités et à l'usage du code Morin de procédure. Soumis à la bureaucratie dans leur vie quotidienne, les citoyens n'ont guère envie de l'être aussi dans les groupes engagés. Conjugué à la participation, le patrimoine prendrait toute sa portée politique. Car il n'est pas la collection de monuments morts ; il témoigne de la continuité d'un milieu humain. Venu d'hier, ce rappel est primordial dans la jungle contemporaine de la spéculation et du béton. Sa vertu est de rendre le passé au présent, la mémoire à l'avenir. Et on ne voit pas pourquoi le culte du patrimoine ne rejoindrait pas la ferveur pour l'écologie : la nature n'en appelle-t-elle pas à la longue et difficile conquête d'un humanisme de l'habitat ?

Pour le partage du savoir

Le problème de la conscience historique déborde sur un autre, de plus grande envergure : celui de la fonction de la connaissance dans nos sociétés et de sa contribution à la culture en tant que *milieu* d'existence. Ce problème ne se confond pas d'emblée avec celui du degré de scolarisation de la population.

L'apprentissage des modèles de conduite, y compris des habiletés du travail, a longtemps reposé sur des traditions et des coutumes; il en dépend encore pour une part. Néanmoins, les apprentissages officialisés, légitimés, certifiés, sont de plus en plus nombreux.

Il en résulte, à l'échelle de la société, le prélèvement d'un savoir autrefois immanent à l'expérience commune au profit de sa systématisation dans un énorme stockage de l'information. Ce que nous appelons la *connaissance* s'élargit prodigieusement, change peut-être de sens, pose en tout cas des questions nouvelles.

J'aime évoquer un exemple particulièrement éclairant: celui de la rationalisation du travail, dont Taylor a fourni les premiers principes. Observant des tâches livrées aux aléas des coutumes et des tours de mains, Taylor en décomposait les éléments de manière à éliminer les gestes jugés inutiles, pour ne retenir finalement que les strictes exigences opératoires. En modèle réduit, voilà qui résume à peu près le processus de transformation de la culture en information: de comportements où se trouvaient confusément intégrés sens et action, tradition et manipulation, sont extraits des critères utiles à l'opération en cause; ces critères sont réinvestis ensuite dans des méthodes de travail. Que l'on étende cette façon de faire à l'ensemble de la vie sociale, aux administrations, à la médecine, aux écoles, on dessinera la figure d'une société qui était déjà une civilisation de l'information bien avant que ne surgisse l'actuelle poussée de l'informatique[6]. La société de consommation est venue le consacrer. Avec la diversification de ses produits, n'est-elle pas un marché de l'information? Le consommateur ne s'abandonne pas simplement au conformisme; devant l'ampleur de ce qui s'offre à lui, il travaille sur programmes.

---

6.   « Sous un certain rapport, l'informatique n'est rien d'autre que le taylorisme dans le domaine intellectuel. » (Pierre Lévy, « L'Informatique et l'Occident », *Esprit,* juillet-août 1982, 54.)

J'éprouve de sérieuses réticences quand, à partir de l'informatique, on nous prédit une civilisation inédite. Du point de vue de la culture, ce n'est qu'une étape nouvelle dans un processus enclenché il y a longtemps. Je ne suis pas non plus d'accord avec une affirmation courante selon laquelle le principal problème que suscite l'invasion de l'informatique serait le retard de la culture sur la technique; au contraire, les transformations de la culture ont plutôt préparé l'avènement de l'informatique. On n'en conclura pas qu'il n'y a rien de nouveau sous le soleil: autant l'informatique est préfigurée dans la substance de nos cultures, autant elle en porte les caractéristiques à l'extrême. Tout se passe comme si les fondements d'une connaissance progressivement programmée se trouvaient enfin mis à découvert. L'heure est venue de nous interroger sur ce qui nous semblait auparavant aller de soi: de ces connaissances énormes et disparates dont nous disposons déjà, et que l'informatique va amplifier, qu'allons-nous faire? Accentuerons-nous davantage l'ampleur encyclopédique des apprentissages?

Nos sociétés contemporaines sont envahies, sinon saturées, par l'idéologie de l'apprentissage. L'impulsion vient de loin, du développement de la scolarisation qui a mobilisé dans le passé tant d'idéaux et de générosité; le taux de scolarisation est l'une des principales préoccupations des États. Mais l'école ne monopolise pas la diffusion du savoir: innombrables sont les enseignements qui portent sur les choses les plus diverses, de la cuisine au maquillage, en passant par les relations humaines et l'accès au divin. À tout prendre, il y a là une conception singulière de la culture où celle-ci se réduit, à la limite, à un savoir. Qui dit savoir dit survol, rassemblement d'informations garanties par des techniques appropriées. Des experts nous assaillent de toutes parts; quelle est la légitimité de ces spécialistes qui se proposent de remodeler l'existence humaine?

La connaissance est relative à un projet plus vaste puisqu'elle revêt ou non une pertinence par rapport à l'existence des personnes. L'immense accumulation du savoir, l'industrie de l'apprentissage renvoient à quelle conception de la vie qui puisse être partagée en commun? Être tous *informés,* apprendre sans cesse: cela peut être un idéal; *vivre,* c'est une autre affaire. La boutade de McLuhan vient à propos ici: «Aux yeux des primitifs, nos vies d'Occidentaux n'apparaissent que comme une longue suite de préparations à vivre.»

Nos conceptions de l'existence sont aussi en cause lorsqu'on envisage les conséquences des technologies nouvelles sur l'emploi. On a souligné que ces conséquences doivent être étudiées selon leurs variations dans divers secteurs; en tout cas, il est prévisible que nous allons assister à une diminution globale des emplois. Des auteurs en déduisent que les individus se consacreront à des loisirs dits *créateurs.* J'avoue mon scepticisme. Sans refuser confiance aux ressources de la nature humaine, on ne manquera pas d'observer à quel point se sont érodés les genres de vie, la faculté d'en inventer de nouveaux. Une standardisation de la culture est à l'œuvre: comment ranimer la liberté créatrice? Voilà un thème urgent de recherche pour une éthique qui ne se limite pas à ronronner autour des idées généreuses.

Certains réclament une réforme de notre système d'éducation afin qu'il s'adapte aux technologies nouvelles. Mais, pour ce qui est du Québec tout au moins, l'enseignement collégial et universitaire, surtout dans les sciences humaines, est devenu si souple qu'il constitue une vaste cafétéria de l'information; cette dispersion permet toutes les greffes informatiques que l'on voudra. Il suffit d'ailleurs de voir avec quel empressement on a installé des milliers d'ordinateurs dans les écoles pour vérifier que le système scolaire n'offre guère d'obstacle aux nouvelles poussées de l'industrialisation et de la consommation du savoir. La difficulté est ailleurs. La culture n'est pas avant tout un mécanisme d'adaptation ou un amas d'informations disparates; elle ne se confond pas avec les connaissances scolaires. Elle est d'abord conscience et maîtrise des genres de vie.

Dans cette perspective, il est indispensable de réviser nos vues accoutumées sur les cultures des diverses classes sociales. Dans les travaux qui y ont été consacrés on a surtout insisté sur l'affinité plus ou moins grande de ces cultures avec celle de l'école. Ainsi, on a montré que les enfants de la bourgeoisie sont plus proches que ceux des autres classes des manières de dire et de faire propres à l'éducation scolaire. Ce qui est indéniable. Mais peut-être a-t-on méconnu la marge qui sépare, malgré tout, les pratiques scolaires des façons de vivre et de penser de la bourgeoisie elle-même ; la culture des écoles n'est qu'un élément parmi d'autres d'un style d'existence, parfois vite oublié une fois disparue la contrainte des premiers apprentissages. Il n'en demeure pas moins que la distance est beaucoup plus grande pour les milieux populaires ; la culture y offre donc un cas plus instructif pour l'examen des vicissitudes du savoir dans le monde contemporain.

Or voici que se défait sous nos yeux une culture populaire qui a longtemps été un substitut à la culture des écoles. Elle était composée davantage de façons de faire et de dire que de savoirs cumulés à l'écart du quotidien. Chez les premières générations de travailleurs industriels, la technique moderne a longtemps laissé subsister des pratiques et des modes de vie empruntés au monde rural. Encore aujourd'hui, on constate une sorte de réassimilation des messages du journal, de la radio, de la télévision par les vieux schémas de la culture traditionnelle ; il est des façons de répéter les nouvelles ou la publicité dans des conversations qui dépendent des conceptions les plus anciennes de la vie sociale. Néanmoins, une sorte de syncrétisme culturel s'installe rapidement. La mixture de bavardages improvisés, de musiquette et de publicité que diffusent certains médias sous prétexte de rejoindre de larges publics a peu à faire avec l'ancienne culture populaire, même si elle s'en réclame abusivement.

Bien sûr, la culture populaire n'a jamais été fermée sur elle-même. Étudiant les petits livres diffusés dans les villages français au XVIIIe siècle, Robert Mandrou a montré que cette littérature multiforme était une retombée de la production savante, qu'elle traduisait la conception que des intellectuels se faisaient de la culture populaire, et non pas cette culture elle-même[7]. Aujourd'hui, les productions des médias de masse ressembleraient-elles, de quelque manière, à ces productions d'autrefois? Par leur présence autrement étendue, elles ont une influence d'une tout autre portée; elles sont en train de remplacer la culture populaire plutôt que de lui fournir des ingrédients.

N'étant plus relativement isolée comme ce fut le cas pendant longtemps, la culture populaire ne résistera à la destruction que par l'apport d'un savoir qui, comme la conscience historique, ouvrirait sur le sens et la maîtrise de la vie en commun. Michel de Certeau le soulignait: «Le problème d'une culture qui soit le langage de tous se pose au-delà des scissions que postule une délimitation fondée sur des critères sociaux[8].» De quoi sera faite cette culture qui serait «langage de tous»? Évidemment, on ne fabrique pas artificiellement une culture susceptible d'être partagée. Du moins, commençons par les préalables: la lutte contre la pauvreté et la détérioration de l'habitat, la promotion des solidarités et des communautés constituent les devoirs premiers de l'instauration de la culture; l'acquisition d'un savoir technique qui permette une certaine maîtrise du monde énorme et bigarré de l'information devrait être assurée à tous, que ce soit par la voie de l'école ou autrement. À ces objectifs il faut en greffer un autre, plus difficile mais indispensable: une vigoureuse opinion publique susceptible d'influer sur les médias populaires, de façon à ce que la production de la culture ne soit plus autant

---

7. Robert Mandrou, *De la culture populaire aux XVIIe et XVIIIe siècles, La Bibliothèque bleue de Troyes,* Paris, Stock, 1964.

8. Michel de Certeau, «Savoir et société. Une inquiétude nouvelle de Marcuse à mai 68», *Esprit,* octobre 1968, 309.

abandonnée aux manipulateurs de capitaux et aux saltimbanques. Les tâches ainsi entrevues dépassent les capacités du système scolaire. Certes, de même qu'il n'y a de conscience historique que si on transmet aux jeunes un savoir de l'histoire, de même il n'y aura reviviscence de la culture commune que si l'école initie à la maîtrise de l'information. Cependant, à l'exemple du patrimoine qui en est un élément essentiel, une culture des genres de vie requiert comme soutien une politique de la culture.

Politiques culturelles, politique de la culture

Sans s'abandonner à des arguties, il paraît utile de distinguer les politiques culturelles et la politique de la culture. La distinction est en tout cas proposée, tout au moins insinuée, par les écrivains et les artistes qui réclament l'aide de l'État (des *politiques culturelles*) mais qui se méfient de l'intervention de l'État dans le destin de la culture (d'une *politique de la culture*). La distinction n'est pas oiseuse; elle n'est pas facile à préciser.

Il y a des secteurs traditionnellement reconnus des politiques culturelles: les musées, la conservation et la mise en valeur du patrimoine, les subventions aux créateurs. La subvention a pris une extension et des ramifications inattendues. Elle est partout présente dans le monde des arts[9]. La quête des subventions exige un temps considérable des chercheurs, et les sommes qu'ils obtiennent comptent davantage dans un curriculum vitæ que la liste des livres qu'ils écrivent. La subordination, ou tout au moins la

---

9. «Il existe un art de la promettre, de la faire attendre, d'en étaler le versement, d'en différer le renouvellement, d'en doser l'accroissement, qui met les partenaires de la puissance publique dans un état second d'obsession, de rage plus ou moins contenue ou de soumission éperdue. Il en résulte une perversion des attitudes qui conduit les partenaires de la puissance publique à implorer comme des quémandeurs ou à menacer comme des terroristes.» (Jacques Rigaud, *La Culture pour vivre*, Paris, Gallimard, 1975, 168-1969.)

déférence de l'écrivain, de l'artiste, du scientifique envers
les pouvoirs n'est pas d'aujourd'hui. J'ouvre un recueil des
œuvres théâtrales de Racine et je retiens cette dédicace : «À
Monseigneur le duc de Saint-Aignan, pair de France. Je
vous présente un ouvrage qui n'a peut-être rien de
considérable que l'honneur de vous avoir plu. Mais
véritablement cet honneur est quelque chose de si grand
pour moi que quand ma pièce ne m'aurait produit que cet
avantage, je pourrais dire que son succès aurait passé mes
espérances. Et que pourrais-je espérer de plus glorieux que
l'approbation d'une personne qui sait donner aux choses un
si juste prix, et qui est lui-même l'admiration de tout le
monde[10]...» Je ne cite pas davantage ; le reste est de la
même encre. Et ce n'est qu'un exemple choisi parmi
d'autres chez un auteur dont je préfère, il est vrai, les pièces
aux dédicaces.

La production n'est pas dissociable de la distribution. En
plus de requérir de l'État des subventions, les créateurs
réclament son soutien pour agir sur les marchés, nationaux
et internationaux. Et comment forcer l'État à se restreindre
alors au rôle de voyageur de commerce ? L'exportation de
la culture peut fort bien faire passer le reste, peser d'un
poids plus lourd dans les manœuvres diplomatiques que
d'autres arguments apparemment plus vigoureux. Les
grandes puissances s'en sont persuadées depuis longtemps.
Je note ce passage d'une étude préparée pour le Congrès
américain et qui remonte à 1965 : «Le cours des événements
à venir dépendra du degré d'adhésion volontaire aux
éléments fondamentaux de notre culture, plutôt que du
simple exercice de la force.» Donc, à partir des politiques
culturelles, on glisse fatalement à la politique de la culture.
Malgré le souhait de plusieurs, il se pourrait que les
politiques culturelles ne fussent pas un secteur parmi
d'autres des activités de l'État, mais ce qui fonde l'exercice
du pouvoir.

---

10.   Jean Racine, *Théâtre,* Paris, Garnier, 1964, I, 36. Corneille n'est pas
      en reste, loin de là.

D'autant plus que, pour confirmer son emprise, l'État doit s'appuyer sur un consensus. Ce consensus, ce n'est pas assez de dire que le pouvoir l'invoque; il contribue à le construire. La construction s'opère parfois dans le secret; elle se proclame aussi ouvertement, comme si elle confirmait la nécessité et la grandeur de l'État. Il y a une idée de ce genre dans la *Politique* d'Aristote. D'après ce dernier, les liens communautaires sont la matière de la vie sociale; ils mènent à des ensembles plus vastes qui, eux, sont des images de l'universel. La Cité est l'achèvement de ce que les communautés élémentaires annoncent; la loi, l'éducation civique forment des citoyens là où n'existaient que des individus influencés par des coutumes particulières. D'où la nécessité, toujours selon Aristote, que l'État reflue sur les solidarités sociales qui lui ont donné naissance pour y introduire des règles plus rationnelles que celles des traditions.

Ce schéma aristotélicien résume commodément ce que partout l'histoire nous permet d'observer. On songe au rôle des religions d'État en Grèce, à Rome, au Moyen Âge occidental. On pense à Louis XIV installant à Versailles une véritable théâtralisation du pouvoir monarchique. On se souvient de la politique de la langue instaurée par la Révolution française. On n'oublie pas non plus à quel point, sous l'instigation de l'État, l'expansion de la scolarisation a contribué à homogénéiser les populations, à transformer les enfants en citoyens, à préparer un vaste marché de l'opinion et des attitudes sans lequel l'avènement des médias de masse serait difficile à expliquer. Je n'insiste pas sur l'impérialisme culturel: pour ne retenir qu'un exemple proche de nous, le rapport Durham n'était-il pas, après tout, le programme d'une politique de la culture?

Je répugne à aligner ainsi pêle-mêle des cas historiques. Ils suffisent, tout au moins, à souligner ce qui devrait être un truisme: il n'y a jamais eu de projet politique sans projet de culture. C'est ainsi qu'on apprend, dans une brochure de l'Unesco, que l'État canadien compte sur les médias pour «unir les îlots de population et les groupes sociaux dispersés

à travers le pays en une société bilingue et multiculturelle»,
pour «donner corps à un ensemble de croyances populaires
et de sagas historiques pouvant fournir la base d'une identité canadienne originale[11]». Le cas canadien n'a rien d'exceptionnel; on trouve des programmes du genre un peu
partout.

L'État n'est pas seul à travailler au consensus, à entretenir
les symboles et les discours appropriés à l'exercice du
pouvoir. La politique de la culture a envahi le champ social
tout entier: l'État n'y est qu'un acteur parmi d'autres. Le
mouvement s'accélère avec l'intensification des échanges
internationaux et la mondialisation de l'économie. Certes,
nous ne manquons pas de nous réjouir de la diffusion des
œuvres artistiques et littéraires aussi bien que du savoir; les
dialogues des cultures s'intensifient, et il convient de les
soutenir de toutes les manières. En parallèle, et parfois sous
le couvert de la générosité civilisatrice, les pouvoirs utilisent
la culture pour mettre en pratique leurs visées impérialistes.
La distribution abondante et gratuite de films d'Hollywood
dans les pays du Tiers-Monde est un moyen de magnifier
les genres de vie de l'Amérique et, du même coup, de frayer
la voie à la diffusion de produits de toutes sortes. Les
industries de la culture mettent en marché l'information, les
aspirations, les croyances. Depuis l'effondrement du régime
soviétique, cette conquête connaît une impulsion nouvelle;
une culture mondiale est en train de s'élaborer sous l'égide
du capitalisme. La consommation devient l'analogue de la
culture[12]. La production culturelle prend le relais de
l'expansion industrielle à l'œuvre depuis les siècles derniers.
Il s'agit pour les stratèges des grandes organisations de
renverser les obstacles que représentent les lois des États
afin d'établir un ordre économique qui soit aussi un ordre

---

11. D. Paul Schafer, *Aspects de la politique culturelle canadienne*, Paris,
    Unesco, 1977, 60.
12. Et de la démocratie: «Pour susciter la demande de ses produits, un
    groupe d'affaires doit inonder le public de messages commerciaux
    qui eux-mêmes sont chargés d'une autre signification fondamentale:

culturel. M. Eger, ancien conseiller du président Nixon et ancien vice-président de la chaîne CBS, le déclare: «Ces lois, qui sont comme des piquets de clôture tendus entre les nations, empêchent le libre flux de l'information. Il faut que les publicitaires du monde entier et les entreprises désireuses de développer les médias fassent alliance pour les communications mondiales. Les partisans du mégamarché mondial doivent faire usage des instruments de pouvoir, des relations publiques et de la politique pour renverser ces barrières[13].»

Dans ce contexte, qu'adviendra-t-il des politiques de la culture?

Dès les lendemains de la Révolution française, les théoriciens de la société ont réclamé qu'à la démocratie politique succède une démocratie économique. Voici que se profile une autre exigence, alors même que les deux premières ne sont pas satisfaites: l'exigence d'une démocratie culturelle. Il n'est pas seulement inévitable, il est souhaitable que les politiques culturelles deviennent des politiques de la culture; comment serait-ce possible sans que l'on tienne compte des processus d'officialisation de la culture, de leurs conséquences cachées?

Nos politiques culturelles restent actuellement confinées dans des limites fort traditionnelles. Subventionner les créateurs, fort bien. Mais le public est-il une masse informe qu'il suffit de mobiliser par des publicités appropriées? Une politique culturelle ne devrait-elle pas être en premier lieu une politique du partage de la culture? Sur ce point, le rapport déposé il y a quelques années, et qui a reçu à juste

---

ils portent l'idée, simple mais forte, que la consommation est l'expression la plus caractéristique de la démocratie. Choisir et acheter des biens sont les formes les plus pures de la liberté individuelle et, par extension, de la vie démocratique.» (Herbert I. Schiller, «Faut-il dire adieu à la souveraineté culturelle?» *Le Monde diplomatique,* août 1989.)

13. *Advertising Age* (organe de publicitaires américains), 14 décembre 1987, cité par Armand Mattelart et Michael Palmer, «Sous la pression publicitaire», *Le Monde diplomatique,* janvier 1990.

titre un accueil très favorable, ne paraît pas avoir mesuré suffisamment l'ampleur du défi en cause. Le rapport insiste sur la nécessité de favoriser l'accès à la culture; le propos est cependant fort optimiste quant à la situation: «Dès le premier coup d'œil, ce qui capte l'attention et suscite parfois l'étonnement, sinon l'admiration, c'est la variété des activités de la vie culturelle québécoise.» On y revient plus loin pour un bref inventaire qui, dit-on, «témoigne éloquemment de la consistance de la vie culturelle québécoise». Qu'en est-il de la réponse de la population? Suffit-il, comme évaluation d'ensemble, d'exalter «la croissance des pratiques culturelles des citoyens par l'influence croisée d'un élargissement de l'offre culturelle, l'élévation du niveau de scolarité et l'amélioration du niveau de vie»? La génération d'après-guerre aurait été à l'origine de l'«intensification des pratiques culturelles», étant «fortement scolarisée, économiquement à l'aise et culturellement active[14]». Ces généralisations me semblent plutôt sommaires: scolarisation et niveau de vie n'ont pas pour conséquence obligée une plus intense «pratique culturelle». D'ailleurs, la politique capable d'une prise de conscience et d'actions à la mesure du virage nécessaire ne saurait être la responsabilité exclusive de l'État, même si celui-ci doit jouer un rôle majeur. Elle relève aussi d'initiatives d'institutions et de groupes divers dont l'engagement volontaire est déjà le signe de la vitalité de la culture.

Une culture populaire qui ne soit ni retour à une caricature du folklore ni aliénation dans la culture bourgeoise n'est pas de l'ordre de l'utopie. Elle remonte à une longue tradition dont on peut retrouver les sources en Grande-Bretagne, en France, aux États-Unis[15]. Au Québec

---

14. Le groupe conseil sur la politique culturelle de Québec, *Une politique de la culture et des arts*, 1991, 57, 67, 48, 49.

15. On se reportera à l'ouvrage classique de Thompson: *The Making of the English Working Class* (Londres, 1963) et à la thèse de maîtrise inédite de Fernand Harvey, *Aperçu sur l'histoire de l'éducation des adultes en Grande-Bretagne et en France* (Université Laval, 1987).

même, mentionnons au moins quelques échantillons: le travail de formation de mouvements d'action catholique ouvrière, tels la Jeunesse ouvrière catholique (JOC) et la Ligue ouvrière catholique (LOC); les collèges ouvriers de la Confédération des travailleurs du Canada (CTCC), aujourd'hui la Confédération des syndicats nationaux (CSN), les services d'éducation de la Fédération des travailleuses et travailleurs du Québec (FTQ), et d'autres centrales; les initiatives du mouvement coopératif; l'Institut canadien d'éducation des adultes; les Associations coopératives d'économie familiale (ACEF); les comités de citoyens; le Centre de culture populaire rattaché naguère à la faculté des sciences sociales de l'université Laval. Ce ne sont là que quelques exemples; l'histoire de ce mouvement d'éducation populaire est riche. Le présent ne l'est pas moins: on évalue à plus de 800 les groupes qui s'y consacrent actuellement, particulièrement à l'alphabétisation par où commence le partage du savoir[16]. Sans doute les courants d'éducation populaire ont-ils toujours été axés sur l'action, sur la *politique* au sens le plus large du terme: hausser les genres de vie jusqu'à la participation aux orientations de la Cité, n'est-ce pas faire œuvre de culture? Et puis, comme le disait Georges Navel, «il y a une tristesse ouvrière dont on ne guérit que par la participation politique». J'en reviens ainsi au point où m'avaient conduit mes considérations sur la conscience historique.

Mais la maîtrise de la vie en commun ne va pas sans la maîtrise de la parole. C'est peut-être la première tâche qui

---

16. «D'autres sociétés proches de la nôtre, comme la Suède, consacrent à l'éducation populaire des investissements importants qui en font un des piliers de leur système d'éducation, à l'égal de la formation générale et professionnelle. Soumis aux mêmes contraintes budgétaires que nous, ces pays ont compris que le dynamisme d'une société s'appuie sur des communautés conscientes et vivantes, sur des citoyens compétents, actifs, critiques et responsables.» (Bernard Vallée, de l'Institut canadien d'éducation des adultes, *Relations,* mai 1994.)

s'impose, aussi bien pour la formation de la conscience historique que pour le partage du savoir, que de travailler à la libération de ce par quoi, en définitive, une culture se définit : la langue nationale.

VI

LE FRANÇAIS,
UNE LANGUE EN EXIL

En Amérique, faire du français la langue quotidienne constitue pour le moins un paradoxe; on ne saurait le soutenir longtemps pour le seul motif de conserver une habitude vieille de quelques siècles. Il y faut des raisons plus solides et qui tiennent là encore à la valeur de la vie en commun.

Les individus, les sociétés s'expriment selon toutes sortes de signes et de symboles épars dans la vie courante et solidaires des comportements les plus ordinaires. La langue est la mobilisation de ces signes et de ces symboles. Elle les porte à la lumière de l'esprit. Elle n'est pas le compte rendu plus ou moins exact de ce qui aurait pris forme sans elle; elle représente la faculté de rassemblement, la puissance créatrice de la personne et de la culture. Elle est une évidence à laquelle un groupement peut se référer pour prendre conscience de soi. Il existe d'autres facteurs d'identité: un territoire, des coutumes, un pouvoir politique... Tous ces éléments supposent, pour une collectivité, un travail d'interprétation de sa condition qui confère à la langue un statut exceptionnel, à la fois comme moyen de cette interprétation et comme garantie que celle-ci provient du groupe lui-même. Le langage témoigne de la puissance de l'imagination et des signes dans les changements sociaux; s'attacher à sa défense et à sa promotion, ce n'est pas céder à quelque diversion idéaliste.

Il n'est donc pas surprenant que la langue ait pris une telle importance dans les transformations de la société québécoise contemporaine.

Depuis des années, les médias nous rapportent les piètres résultats aux examens et aux tests de français que l'on multiplie un peu partout. Des élèves du secondaire ne maîtrisent pas notre langue ; des candidats aux études universitaires n'y arrivent pas davantage. Les étudiants ne sont pas seuls en cause ; le massacre de la parole est partout répandu. Le bilan est catastrophique. Il est bienfaisant s'il provoque enfin le sentiment de l'urgence. Il risque de nous égarer si nous ramenons la solution à la pratique fréquente de la dictée ou à l'apprentissage accéléré de la grammaire, en somme à une question de technique pédagogique. Car la langue est un symptôme : une société qui balbutie révèle son anémie dans tous les secteurs de son existence. Le symptôme s'accentue quand, par voie de conséquence, on fait de la langue un problème parmi d'autres ; en exilant ainsi sa langue, comment une société pourrait-elle la rapatrier par la grâce de la grammaire ? Si elle est incapable de se dire, à quoi lui servirait-il de l'avouer en respectant l'orthographe ?

Une langue entre quatre murs

Le contexte dans lequel se pose le problème a profondément changé. Autrefois, pour une large fraction de la population, le français tenait spontanément à l'être intime et il n'était pas plus normal de mettre sa survie en doute que de s'interroger sur la légitimité de sa propre existence. Les transplantations de la campagne à la ville et les diverses formes de mobilité, le désir de promotion sociale ont rendu problématique la valeur du français pour un nombre de plus en plus grand de francophones. Nos anciennes élites avaient élaboré une apologétique pour les situations de doute : la langue gardienne de la foi, la noblesse et la richesse de *l'esprit français* comparées au pragmatisme de la langue concurrente... Qui pourrait sérieusement reprendre de pareils arguments en cette fin de siècle et après les changements sociaux que nous avons connus? Que l'on relise, par exemple, le fameux discours de Bourassa à Notre-Dame: on en sera ému comme d'un beau souvenir historique; la démonstration paraîtra, pour aujourd'hui, sans objet. La question se pose actuellement de façon neuve. A-t-elle du moins la même importance que naguère? Parmi tous les problèmes apparemment plus concrets qui nous assaillent, et malgré les éclats des dernières années, elle semble plutôt secondaire pour beaucoup de nos concitoyens. On connaît la conception ottawaise: le français est une particularité qui correspond à un droit individuel; nous avons le droit de parler français si cela nous chante et de comprendre, dans cet idiome, les précieuses communications des services publics. Par ailleurs, j'entendais récemment un partisan de la souveraineté du Québec déclarer à peu près ceci dans un discours: «Nous en avons assez de ressasser sans cesse ce vieux problème alors que tant de grands défis se posent à nous; vienne l'indépendance et nous pourrons parler enfin d'autre chose!» Je sais aussi des gens qu'irritent ces histoires de français où ils subodorent quelques vieux relents de la droite nationaliste d'antan.

À l'encontre de ceux-là, je voudrais souligner combien le sort de la langue est au cœur des embarras et des chances de notre société. J'énoncerai ma thèse d'un coup: non seulement le destin du français est lié au processus de *prolétarisation* de notre collectivité, il le définit en un certain sens.

Un Canadien français soucieux de son identité quitte sa table avec indignation si, dans un restaurant, on ne lui sert pas son repas en français. À l'aéroport, il prend le temps de trouver le guichet où on pourra lui parler dans sa langue. À l'hôtel, il se livre à de spectaculaires colères pour qu'on lui amène l'indigène de service qui connaît son idiome natal. Dans son usine, il réclame que le texte de sa convention collective soit au moins bilingue. Des officines gouvernementales ou des maisons d'affaires, il exige des formulaires français; pour les obtenir, il s'engage dans de pénibles échanges de lettres qui parfois sont reproduites dans les journaux.

À bien y penser, le Canadien français soucieux de son identité est un personnage curieux. Dans la plupart des pays du monde, on confond ses paroles avec ses actions; si on recourt parfois aux dictionnaires et aux grammaires, c'est afin de mordre mieux encore sur le monde. Ici, tout se passe au contraire comme si le langage nous éloignait de ce que nous faisons. Un *parlant français* (selon l'expression ineffable qui tend à se répandre) mange et voyage, travaille comme partout ailleurs; en plus, par une sorte de conscience spécialisée, il doit se souvenir sans cesse qu'il parle un langage particulier et menacé. Il lui faut se retirer du monde, se mettre à part pour défendre la manière dont il va dire ce qu'il veut exprimer.

Chacun parle pour se décrire en son intimité, pour dire le sens de ses relations de famille et d'amitié, pour donner forme aux pratiques de la société. Trois façons de se définir par le langage. La première n'est pas plus *profonde* que la dernière, contrairement au préjugé de personnages politiques qui font de la langue un droit parmi d'autres: étant français dans ma vie intime, j'aurais droit à des formulaires français et à des menus bilingues dans ma vie officielle... Si l'usage collectif de la langue me renvoie seulement à un droit privé, qu'adviendra-t-il de mon identité?

Il est aisé de répondre à cette question autrement que par des spéculations vagues. En certains milieux, chez les Franco-Américains ou dans des provinces canadiennes, la langue française a connu, selon des étapes caractéristiques, la défection des trois fonctions du langage que je viens de distinguer. Le français a commencé par se retirer des pratiques sociales: des affaires, du travail, de la politique. Il s'est conservé dans l'*école séparée*. Mais l'école prépare à la vie publique; refuge d'une minorité, ne devient-elle pas un facteur de ségrégation pour les jeunes? La famille, les relations d'amitié, les activités folkloriques sont un abri plus sûr; on parlera français à la maison, dans les réceptions du samedi soir, aux réunions de l'association culturelle. Cet espace restreint fera défaut à son tour; on interdira aux enfants de parler anglais au foyer, on mènera une vie amicale ou mondaine que les clubs ethniques ne pourront contenir. Finalement, on sera en français tout seul avec soi. Je n'invente rien; il y a quelques années, j'ai pu observer chez des Franco-Américains cette agonie de la langue dans le cercle ultime de l'intimité.

Selon les régions et les secteurs d'activité, on pourra situer les Québécois dans ce processus qui a déjà réduit ailleurs le français au rôle d'une langue morte parce que la société en a fait une préoccupation particulière, un choix et un droit à l'écart des autres choix et des autres droits, parfois une fatalité. Depuis longtemps, notre langue se folklorise. Faute d'en exercer spontanément l'usage en bien des secteurs de la vie sociale, elle risque de devenir une aimable particularité assortie d'une législation. Le joual ne nous tirera pas d'affaire. S'il se prête aux relations intimes et à la littérature, il ne sera jamais le langage de la technologie, de l'économie, de l'organisation. Nous ne pourrions nous y sentir à l'aise qu'en consacrant, par son usage, notre condition de marginaux.

Depuis la Conquête, il nous a fallu combattre pour la survie de notre langue; il n'en ira pas autrement dans l'avenir. Pour s'en convaincre, point n'est besoin de longues démonstrations; il n'est que de songer au nombre de ceux qui parlent français sur ce continent. On sait, par des bilans annuels qui provoquent toujours la même désolation, ce qu'on peut attendre de la politique fédérale des langues officielles. Dans ces luttes et ces désillusions séculaires, il nous est venu un état d'esprit bien compréhensible: une attitude défensive. Le projet de loi 101 nous proposait de renverser la stratégie. Sans doute, il créait des mécanismes de protection; mais en insistant sur la présence du français dans le monde du travail, il faisait de notre langue un instrument d'offensive au cœur même de la vie économique. Le projet de loi 101 a été entamé par des autorités juridiques, par l'inertie et même par l'initiative de certains de nos politiciens. De sorte que l'attention publique s'est concentrée sur la question de l'affichage. Terrain précaire où il revient aux citoyens d'imiter la police et qui oblige à une mobilisation odieuse et perpétuellement tenue en haleine. Nous en sommes ramenés aux anciennes campagnes de la Ligue des droits du français, à pourchasser étiquettes et circulaires. Là où il subsiste dans le visage de nos villes ou dans la publicité, le français est trop souvent une façade. Comment s'étonner que les étudiants soient peu motivés à apprendre une langue qui joue aussi piteusement un rôle officiel dans la société québécoise? Comment s'étonner que les minorités et les immigrants s'intègrent mal à une minorité française acculée à la défensive? Comment leur reprocher de ne point éprouver grande ferveur à partager notre sort? En 1986, deux allophones étaient anglicisés pour un allophone francisé. Charles Castonguay concluait ainsi une analyse basée sur le recensement de 1991: «Tout au plus pourrait-on penser que les lois 22 et 101 ont empêché l'anglais de progresser parmi les immigrés qui arrivent à l'âge adulte comme il a progressé parmi les allophones nés au Québec. Au cours des années 1970, le poids relatif des francophones au Québec augmentait grâce à la migration de certains anglophones vers d'autres provinces. Cette francisation par défaut a ralenti pendant la première moitié des années 1980 et elle a pris fin depuis 1986. Par conséquent, l'orientation linguistique des allophones ressort plus que jamais comme un enjeu décisif pour le maintien du caractère français du Québec[1].»

Le problème ne relève pas simplement de la sauvegarde ou de la disparition des cultures d'origine des allophones. Que, dans toutes les sociétés du monde, existent et doivent subsister des cultures diversifiées, ce devrait être une évidence; et cette évidence, notre peuple l'a affirmée pour sa part depuis la Conquête. Elle ne vaut pas seulement pour les

---

1. Charles Castonguay, «Disparaître? Oui, n'ayons pas peur des mots», *Le Devoir*, 15 juin 1993.

ethnies. Elle concerne également les classes sociales et les régions. Aucune société, aucune culture n'est monolithique; et quand elle s'efforce d'y parvenir, elle dépérit ou elle s'impose par des mesures totalitaires. La diversité culturelle suppose respect et dialogue; ce qui est le contraire de l'enfermement dans le quant-à-soi des cultures. Comment y arriver sans une culture, une *langue de convergence*? Dans tous les pays du monde, y compris les États-Unis, il y a une culture, une langue médiatrices. La question est de savoir quelles seraient celles du Québec. Ce n'est pas là un préjugé nationaliste; c'est une question fondamentale qui concerne la santé de la vie en commun dans une société.

À titre d'hypothèse, imaginons une collectivité parfaitement multiculturelle. En privé et en public, chacun y parlerait sa langue d'origine. La langue étant expression de la vie courante, il lui faudrait un système social de support: un réseau d'enseignement, un ensemble de services sociaux, etc. Toujours en poussant l'hypothèse jusqu'à ses conséquences logiques, on aboutirait à des coexistences de sociétés, fussent-elles coiffées par des élites et par un parlement des ethnies. À quelle banalisation de la vie sociale, à quelle poudrière de conflits, à quelle ségrégation des citoyens en arriverait une aussi monstrueuse édification d'une société? Et à quoi servirait-il de couronner le tout par une langue de communication réduite à n'être qu'un instrument de traduction?

Si nous ne voulons pas que ce soit le statut du français au Québec, ce n'est pas uniquement pour défendre une langue déjà appauvrie par son exil, mais parce que nous n'acceptons pas d'envisager l'avenir d'une société où les cultures seraient séparées par des barrières ou réduites à des folklores. Nous voulons vivre dans un monde où l'apport de la diversité culturelle enrichisse une culture commune sans s'y perdre. Et pour cela, une culture, une langue de convergence sont indispensables. Depuis deux siècles, ceux qui nous ont précédés ont cru que ce serait le français. Si nous décidons qu'il doive en être encore ainsi, il nous appartient de ramener notre langue de l'exil, d'en faire autre chose qu'une apparence de la société québécoise. Sinon, la langue de convergence sera l'anglais.

La langue, l'économie, le travail

Est-il besoin de rappeler quelle a été longtemps la situation des francophones dans l'économie? On en discutait déjà au XIXe siècle. Les explications n'ont pas manqué et certaines nous ont été soufflées par nos voisins anglais: inaptitude foncière pour les affaires, manque d'initiative et d'audace, conceptions religieuses éthérées, éducation humaniste sans prise sur le réel... En fait, on commence à s'en apercevoir, tous ces phénomènes que l'on présentait comme des *causes* étaient tout aussi bien des conséquences. Depuis des siècles, nous n'étions plus branchés, comme collectivité, sur les grands ensembles économiques. Nos insuffisances nous venaient d'une rupture de communication quant aux marchés, aux capitaux, à l'emploi, à l'utilisation des experts francophones. Devant cette carence, les francophones ont adopté les attitudes qui permettaient de s'y adapter; ils ont produit les *professionnels* susceptibles de trouver emploi, prestige et alibis.

Je rejoins la thèse d'un économiste québécois, Jean-Luc Migué, même si je n'en retiens que les grandes lignes[2]. Migué part de la notion de *bien collectif* familière à la science économique. L'information est l'un de ces biens collectifs, particulièrement important dans nos économies contemporaines. Les facteurs de production (capital, main-d'œuvre, technologie, centres de décision...) ainsi que la fourniture des produits et services supposent des réseaux d'information. Ceux-ci représentent un coût, comme ils comportent des avantages. Le Québec est un réseau de ce genre. Or, il n'y a pas si longtemps encore, il était coupé des plus vastes réseaux. Et ce n'est pas parce que les capitaux

---

2. Jean-Luc Migué, «L'industrialisation et la participation des Québécois au progrès économique», dans Jean-Luc Migué (sous la direction de), *Le Québec d'aujourd'hui. Regards d'universitaires,* Montréal, HMH, 1971, 227-251.

venaient surtout de l'étranger, puisque le Canada tout entier en dépendait aussi. La déficience était inhérente au réseau lui-même, aux deux sous-groupes qui s'étaient formés à l'intérieur de la société québécoise. L'un étant anglais, sa principale activité consistait dans le contrôle de l'information plus vaste; on n'ignore pas que c'étaient des anglophones qui occupaient les principaux postes hiérarchiques dans les entreprises étrangères établies au Québec. L'autre sous-groupe, francophone celui-là, œuvrait le plus fréquemment dans le réseau québécois où sévissait la pauvreté de l'*information*. La ferveur de certains francophones pour les entreprises publiques trahissait une volonté plus ou moins consciente de tirer le maximum du réseau restreint.

Je viens de décrire une situation en la mettant au passé. Mais elle est loin d'être radicalement modifiée. Devant cet état de fait, quel choix restait-il et reste-il encore? S'il en a les moyens financiers et autres, le francophone s'intègre au réseau plus vaste. Au cours de l'histoire, des hommes d'affaires y sont parvenus; d'autres y arrivent aujourd'hui. Mais le font-ils en laissant l'ensemble de la population francophone enfermé dans son réseau restreint?

Il y a une autre possibilité: brancher notre réseau sur le plus vaste ensemble. La solution est alors collective. Elle suppose que les Canadiens anglais abandonnent leur monopole de la communication, que la hiérarchie et la compétence deviennent largement francophones, dans les entreprises multinationales notamment. Migué l'affirme: «La bilinguisation systématique des gérants *Canadian* de la grande entreprise ne résoudrait en rien la question de la langue française au Québec. Tant que l'insertion de l'entreprise dans le milieu québécois se fera principalement par des *Canadians,* donc tant que l'entreprise ne sera pas géographiquement québécoise, la langue de travail et d'une façon générale la langue rentable ne sera pas le français, la majorité de la population francophone sera confinée à l'isolement d'un particularisme folklorique.» Je ne suis pas assez naïf pour croire que nous aurons aboli «l'exploitation de l'homme par l'homme» quand notre collectivité aura retrouvé son pouvoir de communication avec les grands espaces économiques. Il serait absurde de réduire la question des classes sociales aux embarras de notre langue ou au contrôle de l'information économique par les intermédiaires anglophones. Ce n'est pas une raison pour sauter à pieds joints par-dessus tout cela sous prétexte de prendre plutôt le parti du prolétariat universel. Car, si parler français ne suffit pas pour éliminer les classes sociales, s'il peut fort bien y avoir une bourgeoisie française aussi dominatrice que les autres, il n'en reste pas moins que l'équité concerne aussi la faculté de dire. La pauvreté de la parole n'est-elle pas une injustice aussi grave que la pauvreté des moyens matériels?

Non, la langue n'est pas au Québec un problème particulier. Il ne s'agit pas seulement d'un *droit,* celui de se faire servir en français chez Eaton ou à Air Canada, d'avoir un texte de convention collective traduit dans son idiome ou un patron bilingue. Ce n'est pas non plus une simple question d'honneur, bien qu'un peu plus d'épine dorsale ne nous ferait pas de mal. Nous n'avons pas à défendre notre langue comme on enferme quelque privilège dans une enceinte fortifiée; ce serait justement la façon la plus efficace de l'étouffer, et nous avec elle. Premier symbole de notre servitude, le français doit devenir l'arme même de notre libération collective.

Pareille affirmation est loin de rallier l'unanimité. En 1991 avait lieu une rencontre entre la table de concertation économique de Montréal et le comité ministériel permanent chargé d'établir une stratégie gouvernementale pour le développement de la métropole. *Le Devoir* (20 juin 1991) rapportait les propos du président du Conseil du Trésor, M. Daniel Johnson, devenu depuis premier ministre du Québec. «Sur un ton de lassitude agacée», selon le journaliste, M. Johnson s'interrogeait: «Comment voulez-vous parler de ville internationale quand Montréal fait partie d'une société qui continue à ériger des obstacles aux bonnes relations internationales?» a dit en substance M. Johnson, en faisant allusion aux projets de loi 101 et 178. M. Marcel Côté, auteur d'un rapport commandé par le comité ministériel, déclarait pour sa part: «Il n'y a pas de doute que notre politique nationaliste, incluant la politique de francisation, est en conflit avec le développement du rayonnement économique de Montréal. Notre cloisonnement linguistique a rétréci notre espace économique.» Mais s'il s'agissait, au fond, d'un conflit de classes? Dans un article de *L'Actualité économique*, Mario Polèse reconnaît que l'emprise croissante des hommes d'affaires francophones sur l'économie montréalaise a incité les grandes entreprises anglophones à établir leurs sièges sociaux ailleurs que dans la métropole. M. Polèse insiste lui aussi sur l'importance des communications dans les activités économiques. Il ne se limite pas à évoquer la faculté de parler la langue du client ou du partenaire, donc au bilinguisme; il met en cause ce qu'il appelle «une certaine affinité culturelle». Voilà qui donne à la langue, et donc à la culture, leur poids économique et en fait un enjeu infiniment plus décisif que celui d'une guerre des affiches. M. Polèse le souligne: ce sont des mobiles affectifs qui incitent les entreprises anglophones à déplacer leurs sièges sociaux vers Toronto; «[...]ils assurent en contrepartie que les grandes sociétés francophones conserveront leurs bureaux chefs à Montréal [...]. Si la mobilité géographique de l'élite anglophone est en partie à l'origine du déclin économique de Montréal, l'enracinement géographique de la nouvelle élite francophone est à l'origine de sa renaissance[3].» Des lois ne vont pas à elles seules faire cesser l'exil du français, elles devront s'accompagner des

---

3. Mario Polèse, «La crise du déclin économique de Montréal, revue et corrigée», *L'Actualité économique*, 66, 2, juin 1990, 145. «Si la transformation socio-linguistique du Québec est à l'origine du déclin relatif de Montréal (comme pôle tertiaire national), elle constitue également une police d'assurance, en fixant des limites à ce déclin. Puisque la langue et la culture constituent des coûts dans le commerce interrégional des services (entre régions de cultures et de langues différentes), elles fournissent également des éléments de protection.» (*Ibid.*, 144.)

transformations de fond dans les rapports de pouvoir. Comme quoi la culture n'est pas plus un joli décor des sociétés que l'économie n'ignore les sentiments.

Il faut partir de ce large contexte de l'économie pour évaluer la place du français dans le monde du travail, si l'on ne veut pas se limiter à des constats de surface. Le projet de loi 101 avait heureusement mis au premier rang la francisation de l'entreprise. Il était temps de rompre avec une tradition où un contremaître était réduit à la fonction de traducteur, où un employé devait laisser son identité française au vestiaire en entrant à l'usine ou au bureau. Où en sommes-nous, au juste ? On ne s'étonnera pas d'observer que, dans la grande région de Montréal, 56 % de la main-d'œuvre travaille généralement en français tandis que le pourcentage est de 88 % ailleurs au Québec. Il est plus frappant encore de constater que l'usage du français est lié à deux facteurs : la part plus ou moins grande de la communication dans le travail et la position dans la hiérarchie de l'entreprise. « Plus les activités sont riches en information [...] moins le français est prédominant », révèle une étude du Conseil de la langue française ; « 36 % des administrateurs et 37 % des professionnels travaillent généralement en français alors que ce pourcentage est de 66 % parmi les ouvriers[4] ». En somme, on utilise d'autant plus le français que le travail exige moins de paroles...

La langue et le savoir

S'il est vrai que la langue française est dotée d'un statut précaire dans le monde du travail lorsqu'il s'agit d'occupations liées à l'information, donc au savoir, on jugera d'autant mieux de son destin en s'interrogeant sur

---

4. Étude de Paul Béland rendue publique en avril 1991. Voir le *Bulletin du Conseil de la langue française,* printemps 1991, 3-6. M. Béland souligne que « la politique de francisation du travail a un effet indirect important car elle est un facteur d'intégration sociale : l'usage d'une langue au travail amène les personnes à partager les opinions, les valeurs propres à une communauté linguistique ».

son rôle dans la communication scientifique. Il y a là une illustration extrême de notre problème, une situation limite qui peut éclairer toutes les autres; ce qui me justifie d'y insister.

Je me bornerai cependant aux sciences humaines; les problèmes ne s'y posent pas de la même manière que dans les sciences dites de la nature. Par exemple, si des périodiques traitant de physique sont publiés en anglais dans des pays qui ne sont pas de langue anglaise, je ne connais rien de comparable dans les pays francophones pour les sciences humaines; de grandes revues continuent d'être rédigées en français et d'avoir une audience internationale. Cela suffit-il à nous rassurer?

On me permettra d'évoquer un souvenir personnel. Dans les années 1950, j'arrivais à Paris pour poursuivre mes études. Tout en participant à des séminaires à l'École pratique des hautes études en vue du doctorat, je m'inscrivais au premier cycle en psychologie. Le manuel de laboratoire que l'on nous recommandait était un énorme ouvrage américain pourvu d'une très copieuse bibliographie. Le livre était parfaitement traduit en français. À le feuilleter, je fis rapidement une constatation: à part la mention d'un article de Piéron sur le sommeil, datant d'ailleurs de 1913, toutes les références renvoyaient à des travaux anglais. Comment n'aurais-je pas eu le sentiment, au début de mon apprentissage, que la psychologie expérimentale était d'abord l'œuvre des Américains et que j'aurais mieux fait d'aller directement à la source? À cette impression première, qui s'est heureusement dissipée, s'est ajoutée la certitude bien arrêtée, chez beaucoup de mes collègues québécois qui avaient étudié aux États-Unis, que la science économique, l'anthropologie ou la sociologie n'étaient vraiment à jour que chez nos voisins américains. J'en ai retrouvé, plus tard encore, l'écho chez mes enfants à qui, en certaines matières et dès le collège, on imposait des manuels en langue anglaise sous prétexte, disait-on, qu'il n'existait rien de semblable en français. Donc, premier aperçu du problème : de plus en plus se dessine la conviction, pour beaucoup de francophones, que la science est américaine. Deuxième aperçu qui s'ensuit : pour beaucoup d'Américains (l'exemple du manuel que j'évoquais est une illustration parmi d'autres), la science se fait avant tout chez eux.

La situation du français dans le monde scientifique n'est pas une question de *communication* au sens étroit où on l'entend souvent, c'est-à-dire de la faculté de parler ou non français dans un congrès international. Que l'anglais soit utile comme véhicule, personne ne le nie. Mais une langue n'est pas simplement un moyen de livrer des messages ; de toute évidence pour les sciences humaines, la langue tient étroitement à un contexte de culture. Ces sciences gardent l'empreinte des sociétés d'où elles émergent. Les auteurs, les écoles forment des réseaux et des filiations qui sont liés à des cultures particulières. Il y a telle chose que des *idéologies scientifiques*, c'est-à-dire des préconceptions des phénomènes, des manières de les aborder qui s'alimentent aux suggestions de milieux déterminés. Il y a aussi des *traditions scientifiques.* Que l'on compare, par exemple, deux manuels d'économique qui ont été d'un usage répandu en pays francophones : celui de Samuelson, tôt traduit en notre langue et qu'on nous conseillait au temps de mes premières études universitaires, et celui de Raymond Barre justement réputé. La théorie des prix ou la façon de calculer le revenu national sont évidemment identiques dans les deux cas, mais elles se situent dans un contexte différent : le traité de Barre commence par une longue esquisse d'histoire économique, accorde beaucoup d'importance aux institutions ; ce qui est ignoré par Samuelson. Les deux traités sont tout à fait modernes, l'un et l'autre ; les traditions de pédagogie et de culture dont ils s'inspirent sont divergentes.

Enfin, dans les sciences humaines, on emprunte les matériaux à des cultures spécifiques ; sont souvent privilégiés ceux que l'auteur prélève dans son enracinement culturel. De sorte que la connotation même des notions en est affectée. Les concepts sont largement analogiques; ils comportent des effets de transposition. *État, nation, classe, région, paysan, famille,* etc.: ces notions ne sont pas exactement transférables d'une société à une autre; elles demeurent signées par leurs références d'origine. Pour en prolonger le sens, il faut plus que les traduire; on doit universaliser aussi la référence culturelle qui les supporte. Ce sont donc les mécanismes mêmes de la pensée qui sont en question. À ce propos, je rappellerai une distinction qui, dans nos disciplines, est capitale. Il y a une pensée par *généralisation:* l'agent de la connaissance est dépouillé de ses enracinements concrets; il n'est plus défini que par ses opérations; il devient ce que Piaget appelle un *sujet épistémique.* Par contre, il y a une pensée par *universalisation*: l'agent de la connaissance reste un être singulier, solidaire d'un emplacement concret. Il n'est pas enfermé pour autant dans sa particularité; il n'en sort, pour accéder à l'universel, que par dialogue avec d'autres sujets différents de lui. Si nous nous comprenons par-delà la diversité de nos cultures, c'est grâce à cette diversité, et non pas malgré elle. Le psychologue, l'ethnologue, le sociologue, l'historien ne sauraient ignorer ce mouvement d'universalisation pour sauter au plus vite au palier de la généralisation, sans caricaturer l'essentiel de leur démarche, sans masquer les problèmes épistémologiques qui font l'originalité de leur savoir. Or c'est justement à quoi conduit l'emploi d'une langue particulière lorsqu'elle se propose, dans la pratique tout au moins, comme condition indispensable de l'universalisation.

Voilà, si je ne m'abuse, le nœud du problème. Celui-ci ne concerne pas seulement l'enveloppe du savoir, mais son terreau nourricier. En effet, le savoir n'est pas soumis seulement à d'étroits critères de logique ou de méthodologie; il est en continuité avec le sujet qui transmue la culture en connaissances.

C'est à partir de là qu'il faut baliser l'autre versant de la question: ce en quoi la science est ou n'est pas un instrument de promotion pour une culture particulière. L'impérialisme ne se borne pas à diffuser des produits culturels dans des pays moins favorisés. Par des films ou des émissions de télévision, il propage dans les mœurs, dans la vie quotidienne des sociétés réceptrices, des modèles et des idéaux de comportements ; il dévalorise et désintègre l'identité de ces sociétés. D'une certaine manière, il en va ainsi pour les sciences humaines : on y exporte, non pas des données brutes, mais des problématiques. Il y a un marché des problématiques scientifiques où la langue entre en compte en tant que symbole et force de contrainte. Comme tous les autres, ce marché est susceptible de devenir plus ou moins monopolistique. Il arrive alors que la pratique scientifique cesse de s'alimenter à la culture où pourtant elle s'exerce. Cette émigration, cet exil de la science devient, du coup, un appauvrissement de la culture. À ce point, ce qui nous est d'abord apparu comme problème épistémologique de la science devient une responsabilité qui relève de l'éthique du savant : quel serait l'avenir d'une culture dont l'une des activités les plus nobles ne s'exprimerait plus, et par principe, que dans une langue étrangère ?

Dans la plupart des cas, l'aménagement des rapports entre langue indigène et langue étrangère prend des formes plus complexes ou plus subtiles. Les résultats sont semblables. Les communications ou les articles importants sont diffusés dans la langue étrangère, marque d'une qualité éminente ; les communications ou les articles mineurs sont gardés pour les colloques, les associations, les périodiques indigènes. De sorte que, par l'intermédiaire de la langue, s'établissent à la fois une hiérarchie des savoirs et une hiérarchie des cultures. Il importe au plus haut point de le proclamer : l'avenir de la pluralité des langues scientifiques, et pas seulement le sort de la langue française, n'est pas un problème accessoire. Il ne se réduit pas non plus à quelque inflation des idéologies nationalistes. Il est un défi pour l'avenir de la pensée scientifique elle-même et pour l'appartenance culturelle de ceux qui la pratiquent.

Que faire ? Regrettons qu'en cette fin de siècle, où la connaissance a connu de prodigieux développements, les scientifiques ne considèrent pas comme allant de soi la connaissance de trois ou quatre langues. Étonnons-nous que, dans un colloque international, on ne puisse plus comprendre le langage d'autrui tout en s'exprimant dans le sien propre. Il y a là une déficience dans la formation des jeunes scientifiques qui indique, à mon avis, malgré l'inflation des congrès et des publications, une dégradation de la cité savante. Nous sommes loin ici des luttes pour la prédominance d'une langue sur une autre ; il s'agit de restaurer le pluralisme et le dialogue. Travailler à un pareil idéal suppose que les communautés scientifiques prennent davantage consistance. Voilà qui nous concerne, nous de la francophonie. Isolés et pris un à un, nos divers pays qui se réclament du français en tant que langue de culture déclineront peu à peu vers cette situation limite que je pointais plus haut : la juxtaposition d'un savoir universel, dont le véhicule sera sans aucun doute l'anglais, et un savoir moins valorisé, plus particularisé, que notre langue exprimera.

De l'école à l'université

J'ai gardé pour la fin le problème de l'enseignement du français, m'insurgeant contre l'habitude contraire de le prendre de front, de l'isoler pour mener le procès des professeurs et des élèves. Car c'est là une réduction abusive ; là où la douleur se révèle de la façon la plus aiguë, là n'est pas nécessairement la racine du mal. Je relève une singulière analogie entre les stratégies que nous utilisons d'ordinaire sur la place publique et nos façons d'envisager le problème à l'école ; le recensement des affiches anglaises dans les rues de Montréal n'est peut-être pas sans rapport avec le recensement des fautes de dictées dans nos classes. Alors que la langue française est en exil à l'échelle de la collectivité, la langue est un secteur confiné de l'apprentissage à mesure que l'élève parcourt les différents degrés de notre système d'éducation.

Est-il besoin de le rappeler? Le professeur de français peut bien se dévouer à sa tâche, ses efforts seront sans résultats durables si l'ensemble des enseignants ne partagent pas la même préoccupation. Et comment un professeur de français du secondaire arriverait-il à suivre l'évolution d'un nombre effarant d'élèves? Enseigner en cette matière ne consiste pas seulement à transmettre des règles à de jeunes esprits; on doit être attentif à chacun. Le vocabulaire de celui-ci est pauvre; tel autre maîtrise mal la grammaire; un autre est incapable de dégager la logique d'un texte. Bien sûr, tout enseignement exige d'être personnalisé de quelque façon; mais celui-là le demande plus que les autres.

Cette condition n'étant pas assurée, l'élève passe au cégep où l'enseignement du français devient enseignement de la littérature. Faute d'une maîtrise suffisante du langage, comment accéder à une véritable initiation à la poésie, au roman, au théâtre, à l'essai? On couronne un édifice aux assises branlantes. D'ailleurs, les cours de français ont beau être obligatoires, ils ne constituent pas, quoi qu'on dise, une nécessité pour entrer à l'université. Il est beaucoup plus important, si on veut faire ensuite des études de sciences ou de médecine, de peiner sur la physique ou les mathématiques. En attendant, subir des cours sur la poésie ou le théâtre n'est qu'un mal temporaire dont on sera bientôt délivré. Quant aux facultés de lettres ou de sciences humaines, ce n'est un mystère pour personne qu'elles sont dévalorisées; ce qui, dès le cégep, ne donne pas grand prestige à la langue ni à la littérature, ni d'ailleurs à la philosophie.

On poursuit néanmoins la construction par en haut. L'université apprend toutes sortes de techniques, du béton précontraint à la sémiotique, en passant par l'exégèse biblique et l'immunologie. Pourquoi apprendrait-elle à parler et à écrire? Des professeurs d'université déplorent la pauvreté du langage de leurs étudiants. Ils en reportent le procès sur les professeurs de cégeps; et ceux-ci, j'imagine, rejettent la critique sur ceux du secondaire. On redescend ainsi les étages de l'édifice lézardé. Le profit n'est pas bien grand. C'est l'édifice qui est mal construit. Il faut en appeler à l'architecte. Et pas seulement à l'architecte de l'enseignement du français. Dès qu'on s'attache quelque peu, non pas aux méthodes pédagogiques, mais à la place du français dans nos établissements d'enseignement, on soupçonne que la marginalisation dont il est victime ne concerne pas que la maîtrise de la grammaire ou de l'orthographe. C'est la crise d'ensemble de notre système d'éducation dont l'enseignement du français est le symptôme le plus frappant; j'y consacrerai le prochain chapitre.

Une langue en exil? C'est de la rapatrier qu'il s'agit. Il y faudra plus que des solutions partielles: une ample prise de conscience de la population, une mobilisation des *raisons communes*. Il y faudra davantage que des mécanismes de défense: la reconnaissance que le français n'est pas un héritage lourd à porter, mais l'instrument primordial du développement de l'économie, de la culture, de l'enseignement au Québec. S'il est vrai que la langue ne peut être envisagée d'abord dans son strict domaine, toute entreprise qui voudrait la réformer isolément est vouée à ne traiter que des symptômes. L'histoire de notre peuple nous montre qu'il nous faut d'abord redonner à la collectivité l'emprise sur son monde. Travail de culture, bien entendu, commencé magnifiquement par la littérature québécoise, par la poésie en particulier. Travail politique aussi qui, sur tous les terrains, du plus petit centre de décision à la souveraineté, doit rendre aux gens d'ici leur faculté de construire leur milieu d'existence. L'homme ne saurait parler avec cohérence et fermeté d'un univers qu'il ne maîtrise pas par un autre travail que celui de la parole. On doute du langage quand on n'est plus chez soi.

Que, par des dictées ou autrement, l'enseignement du français soit mieux assumé, nous sommes tous d'accord là-dessus. Que nos villes prennent résolument un visage français, nous ne le contestons pas. Notre langue n'en continuera pas moins de dépérir si elle n'est que le prétexte d'un pénible apprentissage ou la pâle image de notre collectivité. Notre langue doit devenir l'instrument critique de bien d'autres déficiences qui ne lui sont étrangères qu'en apparence, le pouvoir de reconquérir d'autres domaines d'où nous sommes absents. Ainsi poindra peut-être le jour où les jeunes Québécois l'aimeront comme le plus beau symbole de leur envie de dire et de faire. Certes, ils auront toujours à défendre ce patrimoine précaire ; cette obligation deviendra un honneur, ce qui n'est pas la joie la moins précieuse. Dans tous les domaines où ils œuvreront, ils prendront exemple sur ce qu'ont réussi à faire d'une langue misérable nos écrivains, nos poètes, nos chanteurs, certains de nos scientifiques et de nos entrepreneurs : transformer la survivance en gestes créateurs.

VII

LA CRISE DU SYSTÈME SCOLAIRE

J'ai laissé en plan le problème de l'enseignement du français. Non pas que j'en minimise l'importance; j'y vois plutôt le symptôme d'une crise qui affecte notre système scolaire tout entier. La capacité de donner formes à ses sentiments et à ses idées par le langage n'est-elle pas la finalité première de l'éducation? Je trouverai là mon point de départ pour aborder ensuite, par un cheminement obligé, les principales carences d'un système scolaire fort mal en point.

Des errances du langage à celles de la culture

Les enquêtes, les indications sur les déficiences de l'apprentissage du français sont innombrables. Les journaux en livrent chaque année une abondante moisson. Je retiens seulement quelques exemples. En 1990, 48 % des élèves des écoles publiques de Montréal échouaient à l'examen de français du ministère de l'Éducation. En 1992, chez les diplômés des collèges, le taux d'échec en français dépassait 40 %. En 1991, une étude montrait que les étudiants de l'Université Laval faisaient en moyenne une faute par phrase; d'après la même étude, un étudiant sur vingt s'exprimait de façon à ce qu'on puisse le lire « sans qu'on se casse la tête ». En 1991 toujours, plus de 50 % des candidats n'ont pas réussi l'examen d'entrée imposé par l'Université de Montréal. En 1992, un examen semblable à l'Université du Québec à Montréal a connu 65 % d'échecs...

Le moins que l'on puisse dire, c'est que la situation est alarmante et requiert des mesures d'urgence. Ce n'était pas l'avis de certains représentants étudiants; selon eux, le français correct serait «un jargon utilisé entre ceux et celles qui dirigent la société». En somme, respecter les règles élémentaires du langage rangerait dans la *classe dominante*; l'ignorance, gage de libération, devrait sans doute devenir l'objectif des études? Pour sa part, en 1990, le porte-parole de l'Association des professeurs de français se faisait rassurant: il suffirait comme «bagage» de savoir «communiquer oralement, de pouvoir lire un bail». La présidente de la Fédération des enseignants des commissions scolaires prétendait de son côté que, après tout, c'est assez de pouvoir s'exprimer oralement.

Si le français écrit n'a guère d'importance et si compte d'abord l'aptitude à discourir, il n'est guère besoin de l'école; on voit mal à quoi peut servir le professeur de français. N'est-ce pas le milieu tout entier qui enseigne le français oral? Pourtant, dira-t-on, la tâche propre du spécialiste consisterait peut-être à faire prendre conscience de la norme, à redresser les apprentissages plus diffus. Peut-on y arriver en s'en tenant à l'oral, et sans qu'on descende plus profondément jusqu'à un mal plus caché?

On se souvient de la vogue ancienne des petits formulaires du genre: «Ne dites pas, mais dites...» On nous les faisait répéter dans mon enfance; nous y apprenions, en plus des expressions correctes, des locutions fautives que, sans leur secours, nous aurions ignorées. Au début du siècle, Jules Fournier dénonçait le procédé avec sa verve habituelle. À Louvigny de Montigny qui préconisait les remèdes classiques du *bon parler,* il rétorquait en mettant en cause ce qu'il appelait notre *mentalité*: «De cerveaux paresseux, nonchalants, relâchés – tels que les nôtres – de cerveaux à moitié noyés et dissous dans l'*à peu près,* vous ne tirerez pas plus, quoi que vous fassiez, un langage précis, correct, français en un mot, que vous ne ferez pousser des pommes excellentes sur un vieux pommier tout branlant et tout rabougri... Non, confrère, croyez-moi, ce ne sont pas les fruits qu'il faut soigner; c'est l'arbre; ce n'est pas notre langage; c'est la mentalité qui le produit[1].» C'est la culture, dirons-nous. Je ne parle pas de la culture faite d'affinements esthétiques; à la suite de Fournier, je songe toujours à la vie commune, à nos façons de la penser. Si le travail de l'école ne s'y attaque pas, il est, je ne dis pas vain, mais tout au moins inefficace de nous rabattre sur des correctifs de la langue parlée. Le mal est ancien, le témoignage de Fournier nous le rappelle; est-il possible d'en entrevoir les causes?

On n'a pas encore reconstitué l'histoire de la langue française au Québec, du moins au niveau des genres de vie et de la quotidienneté des existences. Aussi avons-nous dû nous contenter, pour qualifier l'état singulier de notre «parlure», d'invoquer le *joual*. Il est vite devenu évident que cette appellation était non seulement inadéquate mais qu'elle brouillait, par suite de sa teneur métaphorique, des phénomènes bien différents les uns des autres. Surtout, elle fixait l'attention sur un symptôme sans ouvrir à une explication historique qui puisse éclairer, par le biais de la langue, la singularité de notre devenir.

Nous sommes quelque peu informés sur la langue qu'on parlait en Nouvelle-France. Des travaux récents indiquent qu'elle n'était probablement pas aussi pure que l'ont prétendu des témoins de l'époque, qu'au français dont usait la majorité se mêlaient des éléments de divers patois des provinces de France. Mais que s'est-il produit par la suite?

Nos pères ont été longtemps, et en grand nombre, des ruraux illettrés. Ce qui, d'après le témoignage des observateurs, ne les a pas empêchés de parler une langue correcte et savoureuse. Je me rappelle un vieil oncle de ma mère qui, de son terroir éloigné, venait nous rendre visite à l'époque des fêtes pour acheter sa provision de whisky; tandis que, sur la table de la cuisine, je peinais à démêler

---

1. Jules Fournier, *Mon encrier* (1922), rééd. Fides, Montréal, 1965, 337. (L'article en question est de 1917.)

les temps des verbes, je l'entendais se mouvoir dans le plus-que-parfait du subjonctif comme un vieil acrobate inconscient de son métier. Cette compétence ne supposait évidemment pas la connaissance des règles. Elle se transmettait dans un milieu fermé, comme les archaïsmes de vocabulaire dont notre parler est encore heureusement parsemé. C'est par là que cette langue était menacée. Elle tenait trop exclusivement à l'expression orale. L'écriture n'est pas la traduction fidèle de la parole, mais sa régulation; elle représente un relais où la parole, obligée d'inventer un mode inédit d'être au monde, doit faire appel consciemment à ses ressources.

La couleur de notre ancien langage s'explique peut-être par l'absence de la contrainte de l'écriture. Nos écrivains du passé lui ont emprunté de belles parures; ce ne sont pas les poèmes que Fréchette a fabriqués en pensant à Victor Hugo qui lui font honneur, mais *Originaux et Détraqués* et certains contes de Noël où Tom Caribou, pour parler des fesses, évoque les «bas-côtés de la corporation». Il n'en reste pas moins qu'une semblable parole n'appréhendait vraiment qu'un univers familier. Affrontée à un monde plus vaste, contrainte à l'abstraction, elle devait se trouver dépourvue.

Des masses d'individus ont été transplantés dans un contexte nouveau, à la ville, dans l'industrie. Beaucoup ont séjourné aux États-Unis plus ou moins longtemps avant de revenir au pays. Devant de nouveaux objets et des comportements jusqu'alors inconnus, comment ont-ils pu les nommer, se les approprier par le langage? Le problème s'est présenté dans d'autres sociétés où des paysans ont dû, eux aussi, s'assimiler l'univers urbain et industriel. Ce fut partout un terrible défi; les anciennes cultures populaires, longuement mûries au cours des siècles, en ont été profondément secouées. Ici, ce fut pis: les choses de l'industrie et de la ville avaient été nommées dans une langue doublement étrangère. Ce qui n'était pas rural, la machine, les grands ensembles, les centres de décisions, la modernité étaient anglais. Le français a pu servir encore à exprimer des souvenirs, des amours, de la colère, de la résignation. Pour le reste, des mots vagues et inter- changeables : la *chose,* l'*affaire,* c'est tout ce qu'une géné- ration pouvait dire en français d'un vaste secteur du monde où pourtant se déroulait sa vie quotidienne. Du *dash* à la *factory,* du *boiler* des lavages du lundi matin au *grill* du samedi soir, la précision venait d'ailleurs. Le *joual,* je parie que ce fut d'abord le compromis entre l'héritage du vieux langage et l'étrangeté des choses nouvelles. Si l'on voulait utiliser des catégories abstraites, c'est en ce sens que l'on devrait parler de *réification* d'un univers devenu chose étrangère par défaut de langage, *d'aliénation* dans une expression imposée de l'extérieur.

C'est là une explication largement hypothétique. Est-ce la seule ? En tout cas, il y a eu quelque part au cours de notre histoire une rupture où la fermeté du langage s'est perdue, où « les branches de notre arbre mental » se sont mises à dépérir, où la culture commune s'est anémiée. Il ne suffira pas d'améliorer les cours de français puisque c'est l'outillage tout entier qui est déficient.

Transformer la culture commune, traiter l'arbre plutôt que d'attacher des fruits artificiels aux branches malades, voilà l'entreprise primordiale qui doit mobiliser les Québécois dans le proche avenir. Pour cela, il nous faut retrouver une conscience historique, élargir le partage du savoir, donner à la langue sa place et sa légitimité à tous les niveaux de notre société ; j'ai déjà insisté là-dessus. Contribuer à transformer la culture ambiante, à lui redonner formes et vigueur, ne serait-ce pas aussi la responsabilité première d'une authentique *culture scolaire* ?

Au cours des années 1960, nous avons cru procéder à une réforme de l'éducation, alors que nous avons surtout modifié des structures, infidèles en cela au rapport Parent qui insistait sur la nécessité d'un humanisme nouveau. Encore aujourd'hui, quand on pense à l'éducation, on songe à l'organisation ; au mieux, on s'attarde aux programmes.

Structures et programmes sont à la surface des choses; ils renvoient à ce qui devrait les justifier, à une culture scolaire susceptible d'influer sur la *mentalité* dont parlait Jules Fournier.

Qu'est-ce qu'une culture scolaire?

Déjà, pour le jeune enfant, l'apprentissage de la lecture, de l'écriture, du calcul n'est pas en continuité avec la socialisation spontanée acquise dans la famille ou le groupe de jeu; lorsque l'on dépasse ces savoirs élémentaires, la rupture doit faire l'objet d'une manœuvre plus complexe et plus consciente encore. Se borne-t-on alors à juxtaposer des connaissances ou ambitionne-t-on, grâce à elles, de faire accéder à un humanisme? Dans le premier cas, l'institution scolaire sera une énorme machine distributrice; dans le second cas, on assistera à une transmutation de la culture originaire par la médiation de la culture scolaire. Ainsi, le cégep est-il un inventaire de cours semblable aux étalages des supermarchés, avec quelques articles de luxe, français et philosophie, produits de *synthèse* pour faire oublier le disparate du reste? Ou les programmes reposent-ils, au contraire, sur une culture qui soit un horizon de l'expérience commune, et par conséquent sa remise en question? Je ne choisis pas le cas du cégep au hasard. De tous les niveaux de l'enseignement, d'après les déclarations officielles, c'est celui qu'on a le plus de peine à définir; or c'est justement là que l'on pourrait concevoir une culture scolaire susceptible d'influencer les conceptions des niveaux antérieurs, d'une part, et de l'université, d'autre part. Plus ouvertement qu'ailleurs, la pédagogie devrait y susciter une véritable *migration* d'une culture à une autre.

Pour réussir, une première condition s'imposerait: il faudrait que la culture scolaire sorte l'élève de sa culture coutumière, l'éloigne du *vécu* si cher à beaucoup de pédagogues ou de fonctionnaires qui ne semblent pas comprendre que l'accès à la science et à l'art, et c'est plus vrai aujourd'hui que jamais, est d'abord une insurrection contre le sens commun. Une deuxième condition s'ensuit: concevoir l'école comme une société particulière opposée à l'autre société. À ce prix seulement, la culture scolaire serait peut-être capable de redresser la *mentalité* que déplorait Jules Fournier. Sans céder à la nostalgie, on se souviendra que les *humanités* d'autrefois voulaient correspondre à ces conditions, du moins dans la ligne de leurs traditions premières. On peut contester la manière dont on les a mises en œuvre dans les collèges d'antan; on peut discuter de leur contenu. C'est leur valeur de paradigme qui importe.

Les *humanités,* croyons-nous parfois, c'était l'envers de la spécialisation. Mais, outre que nous nous limitons ainsi à une définition toute négative, nous projetons sur le passé une idée de spécialisation qui lui était largement étrangère. Les humanités coïncidaient-elles avec l'initiation à un ensemble de savoirs communément reçus comme indispensables? Au contraire, il semble que la gratuité en était la marque essentielle. Tout autre chose se trouvait en jeu, et qui consistait dans un travail de médiation. On pensait que, pour passer de la culture comme milieu à la culture comme horizon, il ne suffisait pas d'inculquer de nouveaux savoirs, mais que l'on devait établir l'élève dans une culture parallèle. L'enseignement classique, dont les jésuites ont été les initiateurs au début des temps modernes, reposait sur ce postulat qui nous paraît aujourd'hui étrange: exiler les élèves des coutumes sociales ambiantes pour en faire des contemporains des Grecs et des Romains. Éloignés de leurs milieux habituels, les esprits pénétraient dans un monde culturel superposé qui permettait, à son tour, d'accéder à l'universel de la raison.

En somme, on ne reconstituait pas historiquement l'Antiquité; on créait littéralement de l'inactuel. Comment comprendre autrement que Descartes ait étudié les langues anciennes au collège de La Flèche, mais pas le français? Si je ne me trompe, l'enseignement du français dans l'éducation classique a commencé seulement aux petites écoles de Port-Royal, et c'était alors une innovation

pédagogique audacieuse. Que l'on relise *Dominique,* le beau
roman de Fromentin ; pour préparer son élève à entrer en
seconde, son précepteur lui donne un sujet de dissertation
latine sur la tristesse d'Hannibal au moment de quitter
l'Italie ; nous sommes alors au XIXᵉ siècle, en plein
romantisme. Et ce n'est pas seulement l'Antiquité gréco-
latine qui a eu ce privilège ; le XVIIᵉ siècle a joué un rôle
analogue de déracinement par la superposition d'une histoire
idéale servant en quelque sorte d'archétype. Je cueille ce
passage de Chateaubriand dans sa *Vie de Rancé* que je viens
de lire à la faveur de la grippe : «Ce siècle [le XVIIᵉ] est
devenu immobile comme tous les grands siècles ; il s'est
fait le contemporain des âges qui l'ont suivi.» En des termes
moins somptueux, nos professeurs de belles-lettres nous
disaient quelque chose de semblable à un moment où
s'effilochaient les vieilles justifications des humanités.

Cette conception d'une médiation entre la culture comme
milieu et la culture comme horizon s'est perdue pour de
multiples raisons. Les humanités sont devenues une condition
d'accession à certaines professions, un élément de leur
prestige ; ce qui a rejeté dans l'ombre leur raison d'être
intrinsèque. L'histoire, avec ce qu'elle suppose d'enchaînement
des événements dans une temporalité homogène, a ramené
l'Antiquité aussi bien que le XVIIᵉ siècle au cours ordinaire du
devenir. L'encyclopédisme s'est insinué dans les
représentations d'une culture dite *générale.* Ceux de mon âge
ont connu cette transition, qui fut aussi une dissolution de
l'enseignement classique. Quand les professeurs étaient
interrogés sur la pertinence de l'apprentissage du latin, ils se
rabattaient le plus souvent sur des arguments comme celui-ci :
l'utilité de l'étymologie pour les études de droit ou de
médecine. Et pour faire bonne mesure, on avait ajouté des
éléments de toutes les sciences, y compris l'astronomie et la
minéralogie. On célébrait un culte dont on avait perdu la raison
d'être. Les anciennes humanités sont mortes d'elles-mêmes ; le
rapport Parent n'a été qu'un constat de décès.

Il n'est plus possible de retrouver ces médiations de jadis

que la routine et les modes ont fini par balayer. Je crois néanmoins que toute tentative de recréer le fondement d'une culture scolaire pour aujourd'hui devra s'inspirer des principes qui commandaient les humanités d'autrefois. J'en rappelle l'essentiel: les humanités ont pour fonction de dessaisir les esprits de l'actuel puisque, du sein de l'immense végétation des savoirs, elles sont la représentation d'un héritage de civilisation; en second lieu, le contenu des humanités est caractérisé par l'inutilité, la gratuité; enfin, les humanités récusent toute tentation d'encyclopédisme. Je ne vois pas que l'on puisse circonscrire autrement ce que d'aucuns appellent aujourd'hui la *formation fondamentale,* et que l'on a tant de peine à définir.

Bien sûr, on n'imagine pas que les humanités ainsi conçues occuperaient tout le cursus; du secondaire à l'université, particulièrement au cégep, elles constitueraient cependant le foyer, le socle pour mieux dire, de la culture scolaire. Cela suppose, j'en suis conscient, une révolution mentale: on considérerait comme devant être le plus pertinent pour la conduite de la vie, et même pour la pratique des métiers, ce qui ne l'est pas de première apparence. Après tout, l'esprit ne prime-t-il pas sur ses outils?

Incohérence de la culture scolaire

Notre système scolaire est loin de ces présupposés.

Plutôt que de distancier l'école de la culture ambiante, les tendances majeures de l'enseignement semblent l'en avoir rapprochée. La langue orale est pauvre, souvent mal articulée; on lui donnera libre cours. N'est-ce pas ce que prescrivait jusqu'à récemment le programme pédagogique du ministère? «L'enseignement du français, énonçait-il, parce qu'il vise le développement des habiletés langagières, privilégie un processus d'apprentissage qui repose essentiellement sur la pratique du discours, l'*objectivation* de cette pratique et l'acquisition de connaissances.» L'objectivation a dû se perdre en cours de route...

Ce qu'on constate ainsi pour le langage vaut pour le

savoir lui-même. Au lieu de donner à dire un savoir qui s'est quelque peu détaché de l'expérience quotidienne, on cultive le *vécu*, l'actuel, sous prétexte de susciter l'intérêt. Veut-on un exemple? En mai 1990, à l'examen de secondaire V préparé par le ministère, on proposait aux élèves de disserter en 500 mots sur un des thèmes de ce genre: «les jeunes et les graffitis», ou «les jeunes et le bal de fin d'études». Le français est confondu avec le bavardage, alors que les véritables apprentissages demandent la conversion des idées toutes faites. On veut apprendre à maîtriser une langue qui cause difficulté à la plupart des élèves en même temps qu'on laisse entendre que la langue n'est que le revêtement des banalités du *vécu*.

Beaucoup de nos étudiants, et cela devient plus sensible au cégep et à l'université, ne savent pas le français, dit-on. Mais que faut-il entendre par là? Qu'ils ne sauraient pas tous rédiger une dictée sans fautes? Peut-être. Mais le mal est ailleurs. Un grand nombre ont peine à se dégager d'une documentation, à formuler un problème, à affronter les savoirs abstraits qui leur sont proposés. Je dis à haute voix ce qui se dit partout à voix basse: c'est l'ensemble de notre système d'apprentissage qui est en cause. L'enseignement du français est déficient parce que l'est aussi la conception de la culture que diffuse ce système. S'il est vrai que la langue n'est pas une traduction de la pensée, si elle est réunion des ressources de l'esprit et donc de sa culture, il serait étonnant que la parole réussisse à informer ce qui est autrement éclaté.

L'école primaire assume fort bien sa responsabilité. Malgré tous les changements de programmes, elle pourvoit à des apprentissages de base auxquels on s'accorde à reconnaître qualité et même amélioration constante. À partir du secondaire se dessine un flottement, dont l'apprentissage du français n'est pas le seul affecté; la spécialisation prématurée s'y fait déjà jour. Au cégep, elle devient manifeste. On aura eu beau rassembler les trois secteurs, scientifique, général, professionnel en de mêmes édifices;

ce n'est qu'un symbole, d'une tentative d'abord, d'un échec ensuite. Des étudiants prennent la voie des sciences, celle de l'élite, qui les conduira aux facultés universitaires prestigieuses; le labeur qu'on exige de leur part, sauf exception, ne laisse guère de place à une culture plus gratuite. D'autres prennent l'option dite *générale,* et alors ils pourront puiser dans un capharnaüm de cours, de la mythologie grecque à la sociologie du loisir. La culture a été découpée en rondelles que *le s'éduquant* avale sans percevoir l'ensemble sur lequel elles sont prélevées. Comment pourrait-on remembrer cette culture de cafétéria et de supermarché dans un enseignement obligatoire du français et de la philosophie? Comment cette obligation ne se superposerait-elle pas aux choses sérieuses? Comment ne laisserait-elle pas entendre que la culture est affaire de survol arbitraire et sans importance?

Cette imagerie a pénétré dans l'université. Je dis l'université, alors qu'en fait, et personne ne devrait l'ignorer, il y en a deux: d'un côté, la médecine et les sciences; d'un autre côté, le reste.

En médecine et en sciences, on continue la spécialisation déjà commencée au cégep. Dans les autres facultés, on l'inaugure. Dès les premières années de lettres ou de sciences humaines règne en effet une hyperspécialisation, dont certaines universités commencent timidement à se désoler. Par exemple, on y étudie la sociologie sans connaissance de l'histoire, de l'économique, de la psychologie; et il en est de même dans presque tous les secteurs. L'accumulation des crédits tient lieu d'itinéraire pédagogique. On multiplie les arrangements en instaurant des certificats de toutes espèces qui augmentent les clientèles et égarent les étudiants dans des labyrinthes dont seuls les registraires connaissent peut-être tous les secrets.

Paradoxalement, cette insistance sur la spécialisation n'élimine pas l'encyclopédisme; celui-ci se réinstalle dans les enceintes ainsi multipliées. Les savoirs se sont prodigieusement développés; on en déverse une grande variété dans les programmes. Les professeurs sont eux-mêmes beaucoup plus nombreux que naguère ; chacun a son centre d'intérêt, son empire ou son jardinet, qui lui confère un statut différent de celui de ses voisins et qu'il doit défendre soigneusement comme le prix de son identité, sinon de son prestige ; il faut bien qu'il en case quelque échantillon dans les programmes, de telle sorte que ceux-ci reflètent davantage les préoccupations des enseignants que les besoins des étudiants.

Ce bric-à-brac de notions disparates, de connaissances sans liens est propre à transformer le milieu scolaire en foyer de confusion. À des jeunes qui doivent apprendre à parler et à écrire, on propose l'acquisition de notions de linguistique ; à des jeunes qui doivent apprendre à penser, tel professeur suggère pour aborder la philosophie de définir celle-ci comme « la production de philosophèmes »... Et cela continue à l'université : je connais des étudiants qui ne savent rien de l'histoire, pour qui Henri Bourassa fut premier ministre du Canada et Papineau évêque de Québec, et à qui on a enseigné la théorie de l'histoire de Hegel. Sous prétexte de procéder à une réforme de l'éducation, on a édifié au Québec une tour de Babel. On a morcelé l'enseignement à l'extrême, incité à des choix qui ne tiennent pas compte de l'évolution ni des hésitations normales d'un adolescent. Comment la jeunesse peut-elle retrouver une certaine identité de soi et du monde dans ce savant brouillage ? Comment veut-on que, dans ce cirque culturel, se dégage une langue vigoureuse, susceptible de mobiliser un savoir authentique ? Certes, il est aujourd'hui comme hier des esprits jeunes capables d'y parvenir. Ils y arrivent sans le secours de l'école : par des aptitudes exceptionnelles ou par le privilège de leur milieu d'origine. Mais l'école est faite pour la communauté des jeunes ; du moins, on nous a ainsi appris les principes de la démocratie.

On ne manquera pas de remarquer que cette spécialisation abusive, que cet émiettement de l'apprentissage, s'ils déforment des esprits, informent par ailleurs une société d'un genre inquiétant. Vocation de l'individu, la culture est aussi, répétons-le, accès à la condition de citoyen, partage du savoir. Des générations auront été formées selon des processus si disparates qu'on ne voit pas comment on pourra parler dans vingt ans d'une culture québécoise où se reconnaîtraient des *raisons communes.*

Carence de la société scolaire

Pour qu'existe une culture scolaire, il lui faut un milieu de soutien; or, on a échoué à créer une société scolaire. Les polyvalentes, ces centres commerciaux de la culture, ont été dénoncées de toutes les manières. Souvent, au cégep et à l'université, les étudiants se promènent d'un cours à un autre sans qu'on ait prévu des cheminements bien définis, sans qu'on favorise la formation de groupes un peu consistants, les solidarités et les échanges si importants dans l'apprentissage. Le défaut d'encadrement ajoute au manque d'enracinement. Au cégep, on a constaté qu'un tiers des étudiants terminent leurs études dans le temps prévu. À l'université, on commence à peine à se rendre compte qu'un nombre important d'étudiants s'engagent dans un parcours, ne le terminent pas, bifurquent vers un autre, changent de nouveau après un certain temps. La multiplication des cours et des programmes, le cloisonnement des départements ajoutent à la fragmentation de la société scolaire.

Les paliers de l'éducation sont eux-mêmes disjoints. Les autorités du ministère annonçaient en 1993 que le diplôme d'études secondaires ne permettrait pas nécessairement l'entrée au cégep; qu'allaient devenir des étudiants ainsi pourvus d'un diplôme à rabais, sans formation professionnelle? De son côté, le cégep est partagé selon des voies parallèles qui équivalent à une véritable ségrégation. La voie scientifique exige plus de travail de la part des étudiants; elle ouvre à n'importe quelle faculté universitaire; elle est privilégiée par les parents. Dans l'autre section, le travail est plus facile, les programmes sont plus lâches; les sciences humaines, qui y occupent une grande place, en sont dévalorisées en conséquence. Au surplus, on sait que le diplôme collégial ne rend pas nécessairement possible l'admission à l'université, bien que, dans certains cas, de maigres résultats scolaires permettent malgré tout de s'inscrire dans des secteurs considérés officieusement comme des déversoirs pour les médiocres.

En principe, au cœur de la société scolaire se trouve le maître. Depuis le début de la Révolution tranquille, on a beaucoup parlé de la condition de l'enseignant. Le syndicalisme aidant, cette condition s'est améliorée pour ce qui est de la rémunération et de l'aménagement du travail. C'est justice. Mais on aurait tort de continuer indéfiniment sur l'unique lancée d'un syndicalisme pointilleux et de conventions collectives pléthoriques. En même temps que se développaient le système et ses adjuvants, l'enseignement et ses titulaires n'ont pas gagné en prestige correspondant. Est-ce l'effet du nombre? Certes, les éducateurs forment désormais une masse considérable; une banalisation de la fonction en résulte. Une certaine uniformité des règles tend à noyer la responsabilité de la vocation dans la grisaille de l'emploi.

À l'université, la fonction administrative semble fort prisée par beaucoup de professeurs. Plus inquiétante est la tendance à donner à la recherche la prééminence sur l'enseignement; un professeur soucieux de sa carrière sait bien qu'il sera coté d'après ses recherches et ses publications, quand ce n'est pas avant tout d'après les subventions qu'il obtient. Hubert Guindon dit tout haut ce que tout le monde sait à l'université: «Le professeur qui n'apporte pas d'eau au moulin, qui se contente de recherche en bibliothèque, d'implication dans l'enseignement, se situera entre l'incompétence et l'inefficacité [...]. Cette hiérarchie de prestige est fondée sur des critères qui n'ont rien à voir avec la vie de l'esprit mais avec l'entrepreneurship[2].» Après tout, il est plus facile de dénombrer

---

2.   Hubert Guindon, «Vie académique et vie de l'esprit: réflexions à la veille de la retraite», *Intracomm,* 1, septembre 1993, 4.

des articles et des subventions que d'évaluer la qualité de la présence aux étudiants. La fragmentation et les dédales des programmes exigeraient par compensation un effort d'encadrement des étudiants, de tutorat même. On préfère ajouter à l'interminable liste des cours ; ce qui paraît plus à la mesure de la dignité des professeurs.

Ne nous le cachons pas, il existe des discriminations entre catégories d'enseignants. Les professeurs de cégep passent difficilement à l'enseignement universitaire. La superposition d'un corps d'enseignants parallèles que constituent les chargés de cours introduit une autre dualité, cette fois dans les traitements et les plans de carrière, et qui tend à engendrer à côté des professeurs en titre une sorte de prolétariat injustifiable ; la responsabilité en est imputable aux établissements, qui recrutent ainsi une main-d'œuvre bon marché, et aux titulaires de postes réguliers qui y trouvent une utile suppléance. D'autres éducateurs, dans l'enseignement professionnel aux adultes particulièrement, se sentent relégués dans des tâches difficiles et peu valorisées. Pour tout dire, des classes sociales se sont introduites dans le système scolaire. Comment refaire une solidarité entre tous les éducateurs ?

Et qu'en est-il de la formation des enseignants ? Y consacrons-nous des ressources comparables à celles que nous investissons en d'autres lieux universitaires ? Y recrutons-nous les meilleurs candidats ?

Décrochage et fausse scolarisation

Devant une culture scolaire éclatée et une société scolaire désintégrée, comment s'étonner des taux élevés de décrochage ? Autour de 35 % au niveau secondaire, et le phénomène a augmenté depuis 1986 ; 40 % au collégial, probablement 50 % à l'université[3]. Gaspillage d'humanité,

---

3. Les chiffres varient. *Le Devoir* du 22 octobre 1992 situe à 25 % les abandons aux études régulières, aux trois quarts pour les études à temps partiel ; plus des deux tiers des inscrits aux certificats

dilapidation de fonds publics que l'on tente de renflouer par ailleurs en augmentant les frais de scolarité. Sans doute, les causes majeures du décrochage sont extérieures au système scolaire ; la pauvreté, la désorganisation sociale y sont pour beaucoup. Dans un avis de juin 1991, le Conseil des affaires sociales du Québec donnait des indications effarantes : dans la MRC de Pabos, de la région de la Baie-des-Chaleurs, 400 jeunes ayant abandonné les études secondaires attendaient l'âge de s'inscrire à l'assistance sociale ; à la polyvalente Pierre-Dupuis à Montréal, quatre jeunes sur cinq quittaient les études secondaires avant la fin. Il doit bien se dissimuler aussi des inégalités d'ordre économique dans des constatations comme celles-ci : 50 % à peine des élèves terminent leurs études secondaires dans les écoles de la Commission des écoles catholiques de Montréal alors que le taux est de 75 % dans les établissements de la Commission des écoles protestantes ; le taux monte à 76 % pour Châteauguay Valley, à 78 % pour Eastern Québec, à 82 % pour South Shore, à 93 % pour Lakeshore...

Les différences de moyens financiers ne suffisent pas à expliquer ces écarts. La culture d'origine y est pour quelque chose. Quitter le milieu populaire pour entrer dans la culture scolaire suppose une rupture dont on méconnaît souvent la profondeur et les malaises ; seules une culture scolaire capable de cohérence et une société scolaire susceptible de susciter une forte identification peuvent compenser cette rupture, soutenir le passage d'une socialisation spontanée à une scolarisation programmée. La sélection à partir des classes moyennes ou bourgeoises et une plus grande cohésion du milieu scolaire rendent compte, pour une large part, des différences observées pour les établissements privés.

---

quitteraient en cours de route. Autres données : « Près du tiers des étudiants inscrits au baccalauréat dans les universités québécoises abandonnent en cours de programme, et la moitié des décrocheurs quittent l'université pendant leur première année d'étude. » (*Le Devoir,* 22 avril 1992.)

Il est vrai que l'on estime à 20% et même à 30% la proportion des jeunes qui, pour des raisons d'ordre socioculturel longues à contrecarrer, ne sont pas susceptibles d'aborder une scolarité collégiale sérieuse; ne devrait-on pas au moins les pourvoir d'une formation au niveau secondaire? Or le nombre des jeunes diplômés de l'enseignement secondaire professionnel a diminué considérablement: de 27 999 en 1980-1981, il est passé à 5 386 en 1991-1992; c'est-à-dire de 32% à 8% du nombre total des diplômés du secondaire. Le nombre des jeunes inscrits au secondaire professionnel est passé de 53 026 en 1985-1986 à 8 212 en 1991-1992[4].

Où en est donc l'idéal de la démocratisation scolaire que le rapport Parent mettait au premier rang des objectifs de la réforme des années 1960 et qu'on proclame encore pour décrier le régime *élitiste* des anciens collèges classiques? Démocratiser, cela devait signifier absence de discrimination, réussite selon les aptitudes et le travail. Ni l'un ni l'autre de ces objectifs n'a été atteint. La ségrégation, la sélection selon les privilèges sociaux prédominent toujours. Les modalités ont changé dans certains cas, puisque les structures ne sont plus les mêmes. Lise Bissonnette avait raison d'écrire: «Les problèmes des années soixante, tels l'accès inégal, l'échec disproportionné des plus pauvres, les privilèges universitaires des plus riches, la sous-qualification de la majorité, sont tous réapparus sous de nouveaux déguisements[5].»

Au moins, dira-t-on, la proportion des jeunes inscrits dans les cheminements scolaires est plus élevée; n'est-ce pas là un progrès de la démocratisation? Mais les multiples indices que j'ai répertoriés nous obligent à poser une question: dans quelle mesure ceux qui demeurent dans le système et qui échappent de quelque façon au décrochage reçoivent-ils une scolarisation authentique? La présence à l'école n'est pas une preuve d'une vraie formation; elle peut fort bien

4. D'après des notes communiquées par Yves Martin.
5. *Le Devoir,* 5 janvier 1991.

s'accompagner de la médiocrité. Sur l'enseignement secondaire, qui joue en principe un rôle décisif dans le cheminement scolaire, Michèle Ouimet résumait des constatations de diverses sources: «À peine arrivés au cégep, des milliers d'étudiants doivent s'inscrire à des cours de rattrapage en français et en mathématiques afin d'apprendre ce qu'ils devraient pourtant savoir: les rudiments de l'algèbre et de la géométrie, les règles de grammaire, la syntaxe et l'orthographe. Même si ces étudiants détiennent un diplôme d'études secondaires, ils sont incapables d'additionner deux fractions et d'accorder les participes passés[6].» Plus loin dans l'étagement du système, le mode de financement des universités d'après le nombre d'étudiants fait pénétrer dans les établissements une clientèle qui ne devrait pas s'y trouver. Faisant état de son expérience, Hubert Guindon dénude une réalité tenue pudiquement sous silence: «La démocratisation de l'accès sans le maintien des standards de performance, le triomphe politique des non-performants dans le corps étudiant, l'exclusion du savoir comme critère d'appartenance à la culture étudiante, les complicités tacites du corps professoral et de l'administration académique[7]...» À quoi il faut ajouter le travail à temps partiel, où de nombreux étudiants s'engagent dès le secondaire et qui ne favorise guère la réussite scolaire.

À mesure que le système se complique, que les clientèles grossissent, il devient plus malaisé d'en vérifier les performances. Nous pouvons nous satisfaire à bon compte des relevés de notes individuelles, sans nous interroger sur les risques de la *fausse scolarisation,* le défaut d'enclenchement des apprentissages d'école sur les pratiques de la culture qui devraient se poursuivre au long de la vie. Leurs études terminées, que reste-t-il à nos étudiants des initiations reçues au cégep? Ont-ils pris le goût des livres, alors qu'un grand nombre d'entre eux n'auront tenu en main que des

---

6. *La Presse,* 21 novembre 1992.
7. Hubert Guindon, *op. cit.,* 2.

photocopies d'articles ou de chapitres ? Sauront-ils lire même un journal ? La scolarisation n'est pas un achèvement, mais un démarrage ; sans quoi elle n'est, au mieux, qu'une pourvoyeuse de main-d'œuvre ou, au pis, une convention de société qui se rassure ainsi à bon compte sur son degré de développement.

Une politique de l'éducation ?

Je ne me dissimule pas que le diagnostic que je viens d'esquisser est accablant. Je ne crois pas l'avoir noirci à dessein ; il ne repose pas seulement sur des informations disséminées un peu partout, mais aussi sur ma longue expérience de l'enseignement. Les causes de cet état pitoyable de l'éducation scolaire sont multiples, et j'en ai signalé plusieurs au passage. Est-il possible de discerner quelque facteur plus fondamental ?

Si je prétends que les déficiences de la culture et de la société scolaires ne dépendent pas d'abord de la qualité des enseignants, ce n'est pas pour me dédouaner auprès de mes collègues éducateurs, pour me faire pardonner des constatations gênantes. Sans doute, la paresse, l'incurie et l'ignorance ne sont pas absentes de la profession ; le niveau n'y est pas plus élevé qu'ailleurs. Je ne mettrais pas davantage au premier plan l'incompétence ou la négligence des administrateurs. Non, il arrive pour le milieu scolaire ce qu'on peut constater ailleurs très souvent : pris un à un, les individus ne manquent pas de valeur ; ensemble, ils sont impuissants. En bref, l'échec des ambitions des années 1960 est un *effet de système*. On a voulu, à juste titre, remplacer une structure désuète en même temps que permettre la scolarisation du plus grand nombre. On a été incapable, et cela est explicable pour une large part par la rapidité de la mise en œuvre, d'ajuster en conséquence des modes d'aménagement et des lieux de décision.

Nous avons assez bien réussi dans le travail de démolition, mais l'édifice biscornu que nous avons construit à grands frais est lézardé de toutes parts. La vraie réforme est à venir. Les grands objectifs sont entrevus depuis longtemps : introduire un peu de logique dans le système, mettre au point de sérieuses mesures d'évaluation, combattre le décrochage et, par-dessus tout, élaborer une authentique culture scolaire qui donne aux jeunes une formation articulée et qui contribue à l'essor de la culture québécoise tout entière. Où sont les pouvoirs susceptibles d'imaginer, de soutenir un pareil virage ? Dans les établissements, les pouvoirs de décision ont été dispersés et sont souvent réduits à l'impuissance. Il y a des décennies, la direction et les syndicats se sont partagé la gouverne et, dans bien des cas, se sont paralysés réciproquement. Au cégep, c'est dans les départements que se prennent les décisions importantes et que se concoctent les compromis ; dès 1982, le Conseil des collèges dénonçait vainement cette situation. On ne sait jamais si les objectifs inscrits sur papier correspondent aux comportements mis en œuvre. Le ministère trace officiellement des programmes, du moins pour les matières obligatoires ; personne ne s'assure que ces indications sont suivies. D'ailleurs, les effectifs de spécialistes varient d'un collège à l'autre ; il faut bien se débrouiller avec ceux qu'on a sous la main, surtout pour les sciences humaines qui se prêtent à la souplesse que l'on sait. Enfin, étant donné les modes de financement et la nécessité de garantir des emplois, l'essentiel est de ne pas perdre des clients-étudiants et d'adapter, sans trop le confesser à haute voix, les exigences en conséquence. Ces compromis et quelques autres ont fini par installer un équilibre des forces et des intérêts qui n'engage guère aux révolutions.

Tout le monde est à l'abri des inquisitions indiscrètes puisque, au-dessus des établissements, il n'existe aucun mécanisme sérieux d'évaluation ou de contrôle. Dans les universités, ce sont souvent les départements qui, pratiquement, s'évaluent eux-mêmes ; du moins, les examens par des comités extérieurs commencent à s'implanter. Nos universités ont encore, pour la plupart, le statut d'entreprises privées même si la part du financement public y est énorme. Ce sont les cégeps qui offrent le paradoxe le plus étonnant : le ministère y confère les diplômes alors qu'il ne possède aucun moyen d'en vérifier la valeur. De sorte que, sous couvert d'un système public d'enseignement, tous les cégeps sont en fait des collèges privés entretenus par l'État. Les autorités s'en disent surprises depuis longtemps. En 1978, un livre blanc sur les collèges publié sous l'autorité du ministre signalait le plus sérieusement du monde « un oubli de la réforme de 1967 : l'absence de mécanismes capables de mesurer avec quelque précision la qualité des établissements et de l'enseignement qui y est dispensé, non moins que celle des diplômes ». Dans son rapport pour 1987-1988, le Conseil supérieur de l'éducation s'interrogeait, toujours aussi solennellement : « Comment pouvons-nous savoir que les diplômes décernés sont de vrais diplômes qui disent vraiment ce qu'ils prétendent dire ? » En 1988, M. Claude Ryan déplorait que le ministre « ne dispose d'aucun moyen efficace de vérification quant à la qualité des apprentissages. Cette situation pour le moins paradoxale ne saurait durer... » Elle dure toujours.

Un ministre a procédé à la nomination de trois commissaires à l'évaluation. Comment vont-ils faire pour mesurer, dans un aussi grand nombre d'établissements collégiaux, la qualité de l'enseignement, les connaissances effectivement acquises, les taux de réussite ? Comment vont-ils arriver à expliquer les erreurs d'aiguillage, l'allongement indu des parcours ? Autant dire qu'il n'y aura pas d'évaluation. Les cégeps n'en veulent pas. C'est un magazine qui continuera d'évaluer les établissements, les collèges et les universités. D'ailleurs, les collèges font aussi l'objet d'un classement officieux de la part des universités.

Non seulement nous ne savons rien de précis sur la qualité de l'enseignement mais, faute d'évaluation, nous avons répudié l'idéal de la démocratisation que l'on prétendait poursuivre. N'a-t-on pas assez justifié la création des cégeps en fustigeant les collèges classiques ? Au moins, en ces temps anciens, un diplômé n'était pas classé à partir de la réputation plus ou moins fondée de son collège mais d'après les résultats obtenus à un examen de baccalauréat préparé par une université. Du moment où n'existe aucun contrôle extérieur aux établissements, comment coter l'étudiant, sinon à partir de la réputation de l'institution où il a poursuivi ses études ? Est-ce équitable ? Pourquoi n'existerait-il pas, dans un système public d'enseignement, des examens généraux pour les diplômés des cégeps ? Ne serait-ce pas une façon efficace d'évaluer non seulement les étudiants mais la qualité des établissements ?

Pourquoi s'étonner que ce problème central de l'évaluation n'ait pas encore reçu de solution, que les autres carences cent fois inventoriées perdurent ? La bureaucratie et l'inertie sont partout régnantes. Comment compter sur des autorités qui laissent faire, remettent à plus tard, tentent de se débarrasser de leurs responsabilités ? Depuis longtemps, on sait que l'enseignement secondaire est le palier le plus vulnérable de notre système d'éducation. Depuis longtemps, le ministère promet des mesures correctrices, le renforcement des ressources. Le changement prévu a été constamment reporté : en 1987, en 1992, en 1994. On parlait récemment de 1997[8]. En appliquant les critères prévus, dit-on, un quart des élèves échoueraient à l'examen ; il vaut mieux surseoir...

Aux assises d'une commission parlementaire sur les cégeps, des participants rappelaient qu'on ne connaît toujours pas les objectifs de la section générale. S'agit-il de la suite des études secondaires, de la première étape des études universitaires ? On attend toujours quelque précision sur un point qui, on l'admettra, n'est pas négligeable. Du moins, la section sciences paraît de prime abord mieux définie. Pourtant, on apprenait en 1991 que « les intérêts des groupes, les débats d'écoles, les lobbies disciplinaires et universitaires, les mécanismes décisionnels complexes, tout

8.   Michèle Ouimet, *La Presse,* 21 novembre 1992.

cela vient d'avoir raison de la révision du programme de sciences de la nature. Le processus était engagé depuis 1979[9]». Pour le cégep encore, on songe à créer un tronc commun depuis une douzaine d'années; aux dernières nouvelles, on ne cesse pas d'y songer... Il est vrai que le ministre a annoncé solennellement en 1992 une réforme des cégeps; ce qui se résumait à un déplacement de cours sur l'échiquier et à des pénalités pour ceux qui mettent trop de temps à terminer leurs études.

Au moins, a-t-on fait quelque chose pour contrer les obstacles à la scolarisation des enfants de milieux défavorisés? Sur l'île de Montréal, on avait confié au Conseil scolaire créé en 1973 le mandat de coordonner les interventions; dix ans plus tard, le bilan a montré que les taux n'avaient pas bougé. Et du côté du décrochage scolaire? En 1992, le ministre y a consacré 42,9 millions; aux dernières nouvelles, la tendance est loin d'être enrayée[10].

Non seulement le système est miné par des problèmes de toutes sortes, mais la paralysie le gagne. Au fond, personne ne veut vraiment s'attaquer à la maladie; les uns protègent leurs intérêts, les autres n'ont pas le courage nécessaire. On cherche à minimiser les dégâts ou à rassurer l'opinion publique par des réformettes. En 1992, au cours de la commission parlementaire sur les cégeps, on a même entendu des responsables se féliciter de l'originalité de cette institution, s'adonner en toute bonne conscience à des généralités rassurantes[11]. Pour contrer l'inertie, la

---

9.   Jean-Pierre Proulx, *Le Devoir,* 9 mai 1991.

10. Voir *Le Devoir* du 15 juin 1994.

11. «On attend toujours un cri du cœur, un instant de compassion pour ces milliers de jeunes qui sortiront du cégep les mains vides, et pour ceux qui y restent en ne sachant pas ce qu'ils y font. Dans ce débat, ils sont devenus des ombres qui se profilent à peine derrière la célèbre structure. Ils sont ceux qui passent. Et ceux qui parlent, de tout et de rien sauf de l'essentiel, ce sont ceux qui restent.» (Lise Bissonnette, *Le Devoir,* 23 novembre 1992.)

résignation ou le cynisme, une immense mobilisation sera nécessaire; convaincus de la noblesse de leur métier, les éducateurs devraient être aux premiers rangs. Réformer notre système d'éducation: voilà le combat des années présentes, condition de tous les autres. Que nous importe une *société distincte* dont l'ignorance serait le trait caractéristique? À quoi sert le bavardage politicien sur la priorité de l'économie alors qu'un nombre grandissant de jeunes quittent l'école sans qualification véritable? Pourquoi une politique culturelle libérale envers les créateurs quand l'inculture raréfie leurs publics? Comment imaginer une démocratie où des citoyens responsables émergeraient des déserts de l'esprit?

VIII

LE DÉPLACEMENT DE LA
QUESTION SOCIALE

L a vigilance nationale, la construction d'une communauté politique, l'édification d'une culture ont en elles-mêmes leur raison d'être. Je ne vois pas qu'il faille chercher à quoi les subordonner ; l'accès au statut de citoyen n'est-il pas constitutif de la personne, comme le dialogue avec autrui a sa valeur propre indépendamment des nécessités de la division des tâches ? Il n'en reste pas moins que la vie collective est vouée à la justice ; de la démocratie politique, nous sommes entraînés vers la démocratie sociale. Or ce passage est fort problématique. Depuis que la révolution industrielle et l'urbanisation chaotique ont bouleversé les genres de vie, l'aménagement des sociétés et les critères de la justice ont constamment fait l'objet de controverses. Même si les conditions sociales ont beaucoup changé, les thèmes des débats demeurent sensiblement similaires : insécurité ou protection sociale, inégalités ou redistribution des ressources, exclusion ou intégration des individus. Quant aux responsabilités de l'État ou des mouvements sociaux, on n'a jamais cessé d'en discuter.

Qu'en est-il au Québec ? Je ne dresserai pas un catalogue des problèmes sociaux. Renvoyant une fois de plus à des ouvrages bien informés[1], je me demanderai plutôt à quel point

---

1. Outre le *Traité des problèmes sociaux* édité par l'Institut québécois de recherche sur la culture (sous la direction de Fernand Dumont, Simon Langlois, Yves Martin) que j'ai déjà mentionné, je renvoie à

la question sociale s'est déplacée au cours de la Révolution tranquille et comment il conviendrait de l'aborder aujourd'hui dans le sillage du vieil idéal de la démocratie sociale.

Un déplacement

Dans une esquisse comme celle-ci, je dois me donner un point de départ qui ne soit pas trop éloigné. Il me semble que la crise des années 1930 pourrait être un bon repère en tant que transition entre deux modes de représentation de la question sociale.

Certes, avant cette crise, l'industrialisation et l'urbanisation avaient suscité des prises de conscience et des initiatives. Malgré de tenaces oppositions, le syndicalisme s'était implanté, poussant même des incursions sur le terrain politique. Né au début du siècle, le mouvement coopératif avait pris une remarquable expansion. Pour sa part, l'État se confinait plutôt dans son rôle traditionnel, se préoccupant avant tout d'équilibre budgétaire et se bornant à des interventions timides. Rares étaient les législations sociales; ainsi, c'est seulement en 1910 que l'État fixait à 14 ans l'âge minimum pour travailler dans un établissement industriel, édiction fréquemment contournée par les impératifs de la misère. Le gouvernement intervenait peu dans les conflits de travail, suppléé parfois, là comme ailleurs, par les autorités ecclésiastiques.

Les années 1930 marquent un tournant, par l'ampleur de la crise économique qui, malgré des intermèdes de reprises, ne cessera qu'avec la Deuxième Guerre mondiale. La tornade est financière, commerciale, industrielle; en 1933, le chômage atteint 25 % de la main-d'œuvre. Les pratiques habituelles d'assistance s'intensifient: on fonde la Fédération des œuvres;

deux ouvrages collectifs importants: *La Société québécoise en tendances, 1960-1990* (sous la direction de Simon Langlois), Québec, Institut québécois de recherche sur la culture, 1990; *Le Québec en jeu* (sous la direction de Gérard Daigle, avec la collaboration de Guy Rocher), Montréal, Presses de l'Université de Montréal, 1992.

la Société Saint-Vincent-de-Paul distribue des secours gouvernementaux. Les solidarités de familles et de paroisses viennent à la rescousse. Encore très importante, la population agricole se replie sur l'autarcie. Puisant dans les vieilles recettes, on prêche le retour à la terre. En 1935, le gouvernement Bennett veut instaurer un régime d'assurance-chômage, fixer un salaire minimum et des heures de travail; le Conseil privé s'interpose. En 1937, on adopte au Québec une loi des « salaires raisonnables ». Les gouvernements ne s'aventurent guère au-delà des travaux publics et des secours directs.

Les idéologies s'avèrent plus audacieuses. Du côté anglophone, la fondation du parti CCF (Cooperative Commonwealth Federation), le manifeste de Régina amorcent une remarquable conception des politiques sociales. Les groupes socialistes et communistes sont actifs; ils influencent peu les milieux canadiens-français où les combat une vaste campagne orchestrée par le clergé. Pendant ce temps, le nationalisme connaît un regain de ferveur. Des clercs se regroupent sous le patronage de l'École sociale populaire pour se concerter sur la question sociale. Quelques mois plus tard, le projet est repris par une douzaine de laïcs représentant les principaux mouvements sociaux du moment, la CTCC, l'Union catholique des cultivateurs (UCC), l'Union régionale des caisses populaires; se joignent à eux des professeurs de l'École des hautes études commerciales et de l'École polytechnique, de même que Philippe Hamel, farouche adversaire du trust de l'électricité... On rabâche de vieux thèmes mais, comme l'écrit Esdras Minville en 1936, avec la conviction «d'entrer dans un monde nouveau, dont nul ne saurait dire ce qu'il sera mais dont on peut être certain d'ores et déjà qu'il différera profondément de l'ancien». L'idéologie corporative trace le plan d'une organisation sociale inspirée de la nostalgie d'une collectivité organique d'où les conflits seraient bannis. Sur un plan plus concret, on suggère des mesures audacieuses pour l'époque: salaire familial, allocation aux mères nécessiteuses, extension juridique des contrats collectifs, code du travail, révision de la loi des accidents du travail, nationalisation des monopoles... On n'en est pas encore à traduire ce programme dans des décisions politiques, même si des politiciens l'utilisent à des fins électorales. En obligeant à une mobilisation de la production et au contrôle de l'économie, le second conflit mondial accroît considérablement les responsabilités de l'État; les réadaptations de l'après-guerre poursuivent dans le même sens. Le gouvernement fédéral adopte un train de politiques sociales: assurance-chômage, allocations familiales, loi sur l'habitation... Au pouvoir à Québec, le Parti libéral impose la fréquentation scolaire obligatoire; il crée des conseils du travail et d'orientation économique, des commissions de l'assurance-maladie et des relations ouvrières... Le gouvernement Duplessis, qui n'est pas réputé pour ses idées avancées, augmente néanmoins les budgets consacrés à l'éducation et au bien-être. Le syndicalisme connaît des progrès accélérés; en 1949, par l'affrontement du mouvement ouvrier avec les patrons et avec l'État, la longue grève de l'amiante est un puissant symbole des forces de changement. Concurremment, le retournement des idéologies préfigure la Révolution tranquille.

Celle-ci, on le sait, met en route la modernisation des structures de l'État et des services publics. Cinq années de prospérité (1962-1967) favorisent la volonté politique: démocratisation de l'éducation, assurance-hospitalisation, refonte du code du travail, régime des rentes, nationalisation de l'électricité... Les dépenses gouvernementales et l'effectif de la fonction publique grimpent rapidement. Les mouvements sociaux épousent un rythme comparable. De 1960 à 1966, la CSN passe de 94 000 membres à plus de 200 000; les corporations professionnelles se renforcent; le Conseil du patronat devient un interlocuteur écouté. À mesure que les réformes se multiplient, que les regroupements et les factions s'affirment, les débats se font plus vifs. En remplacement des querelles routinières du passé émerge un nouvel espace des affaires publiques. En corollaire commence la montée d'une classe sociale aux contours encore confus où se côtoient les jeunes technocrates de la fonction publique, les enseignants plus nombreux et mieux rémunérés, les artisans des médias en pleine expansion, les hommes d'affaires francophones mis en appétit de conquête... Des solidarités populaires s'expriment dans des comités de citoyens, plus tard dans une effervescence de groupements de toutes espèces et de plus ou moins longue durée. Le nationalisme subit une mue qui en fait l'une des inspirations principales de ce vaste entraînement des esprits ; il fait jonction avec la démocratie sociale. Les idéaux du changement se partagent bientôt entre défenseurs des premières conquêtes et partisans d'objectifs plus radicaux. Des idéologies et des groupes de gauche apparaissent ; des mouvements sociaux adoptent des positions plus ou moins proches du marxisme. Les fondements mêmes de la société en transformation sont soumis à la contestation.

Dès les années 1975, davantage autour de 1980, la course se ralentit. Les réformes sociales, les réclamations de tous bords avaient auparavant coïncidé avec des décennies de croissance économique ; les récessions, l'endettement des gouvernements ramènent au principe de réalité. Avec l'échec du référendum de 1980, les divisions syndicales, le tarissement des idéologies de gauche, les réformes marquent le pas. Les groupes qui ont profité de la Révolution tranquille défendent leurs privilèges. Le néolibéralisme refait surface. Il est question de révision des politiques sociales, de concertation entre partenaires...

On constate donc que, de la crise des années 1930 aux années dernières, s'est profilée la courbe d'un vaste déplacement de la question sociale, accéléré à partir de 1960 et maintenant hésitant, au long duquel l'État et des mouvements sociaux de tous genres ont exercé une action décisive. À la fin, nous sommes devant une autre société ; désormais, la question sociale se pose autrement.

La question sociale aujourd'hui

Au cours du dernier demi-siècle, les acquis de la démocratie sociale ont été spectaculaires. Quand on pense aux conditions de travail et au niveau de scolarisation des générations antérieures, à la détresse d'un grand nombre de familles de jadis, on admettra sans peine que les politiques et les efforts des organisations ont eu des effets bénéfiques. Allons-nous poursuivre sur la même lancée ? Le niveau de vie de l'ensemble de la population a triplé entre 1960 et 1990. Les extrêmes de l'échelle des revenus ne se sont pas rapprochés autant que le croit l'opinion courante : 10 % de la population détient la moitié de la richesse des familles et des personnes seules ; la classe moyenne profite davantage des revenus de transfert que les milieux populaires, et dans une proportion qui s'accentue[2]. Les différences de revenus entre les hommes et les femmes, entre les femmes elles-mêmes, sont encore très sensibles. La pauvreté n'a pas cessé, bien qu'elle ne concerne pas les mêmes catégories d'individus qu'autrefois. La condition des personnes âgées s'est améliorée, pour la majorité tout au moins ; dans bien des cas, l'isolement, la solitude accompagnent une certaine sécurité matérielle. Ce sont les jeunes de moins de 25 ans qui sont surtout victimes de la pauvreté, d'autant plus pénible que le tintamarre de la publicité pousse à la consommation. La pauvreté tend à dresser une barrière entre générations qui ressemble à celle qui divise les classes sociales. Des femmes, chefs de familles monoparentales, vivent aux frontières de la misère. La pauvreté n'est pas toujours de longue durée ; mais quand elle persiste, elle touche un nombre grandissant d'individus. Alors, elle devient un genre de vie où la maladie est plus fréquente, l'espérance de vie plus courte, l'alimentation plus déficiente. Ces faits sont bien connus. Ils montrent que la pauvreté n'est pas un phénomène que l'on arrive à combattre par des mesures disparates ; dans beaucoup de cas, elle se répercute dans tous les aspects de l'existence.

2.   La Société québécoise en tendances, 1960-1990, op. cit., 257, 244.

À la pauvreté se joint le chômage. Celui-ci dépend de causes variées : des récessions successives bien sûr, mais aussi, entre autres facteurs, de la venue de nouvelles couches de la population sur le marché de la main-d'œuvre, du vieillissement des infrastructures industrielles, de la carence de la formation par rapport aux innovations technologiques. Le chômage lui aussi touche surtout les jeunes : 15 % en 1990 ; moins qu'en 1982 (23,1 %), mais on prévoit un accroissement éventuel. Des catégories plus âgées de travailleurs sont atteints par des fermetures d'entreprises, parfois sans préavis. La distance s'est élargie entre les occupations de gestion et les travaux d'exécution, entre une hausse de l'intérêt de certaines tâches et la déqualification des autres. La représentation syndicale ne favorise qu'une partie des travailleurs ; elle a progressé considérablement entre 1960 et 1970, pour se stabiliser peu à peu[3]. La précarité de l'emploi sévit, surtout dans les services ; en moyenne, la rémunération y est inférieure à celle des occupations industrielles. Le travail à temps partiel se répand ; il ne comporte évidemment pas les avantages sociaux attachés aux emplois réguliers ; la syndicalisation y est très difficile. Des entreprises profitent d'une main-d'œuvre flexible et peu exigeante.

Mettons le sous-développement régional au compte des inégalités que les politiques ne sont pas parvenues à

3. « On ne peut s'empêcher d'observer que le mouvement syndical a toujours défendu, dans son action directe, surtout par le moyen de la négociation collective, les mieux nantis des travailleurs : les hommes de métiers au XIXe siècle, les ouvriers des entreprises de production de masse, depuis les années 1930, les employés du secteur public plus récemment et même, aujourd'hui bon nombre de professionnels. Sans doute, les représentants syndicaux répétaient-ils à intervalles relativement fréquents, la nécessité d'augmenter le salaire minimum et d'améliorer les prestations du bien-être social ; mais, dans l'action syndicale concrète de tous les jours, ils travaillaient pour leurs membres, bien plus que pour les laissés-pour-compte de notre société. » (Gérard Hébert, « L'évaluation du syndicalisme au Canada », *Relations industrielles*, 42, 3, 1987, 511.)

éliminer. En Gaspésie, pour ne retenir qu'un exemple, le revenu familial se situe à 63 % de la moyenne québécoise; le chômage atteint 20 % de la main-d'œuvre. Dans plusieurs régions, on note les mêmes indices: revenus inférieurs, chômage important, insuffisance des infrastructures et des services publics, émigration des jeunes.

Au relevé de ces problèmes, on répliquera par une observation qui ne manque pas de pertinence: la démocratie sociale étant perpétuellement en chantier, il n'est pas surprenant que paraissent de nouveaux embâcles à mesure que la société se transforme; il reviendrait aux responsables politiques de réagir en conséquence. Or, effet pervers de l'expansion de la démocratie sociale, une bureaucratie s'est installée qui, en plus des difficultés de l'économie, nuit aux tentatives nécessaires de réorientation.

Des cadres supérieurs se sont vu octroyer des privilèges pendant que des travailleurs étaient jetés au chômage et des assistés sociaux tenus sous étroite surveillance. Le salaire des cadres d'une université a augmenté de 75 % en dix ans; en février 1994, le gouvernement accordait au président et directeur général d'un organisme public une hausse salariale de 24 %; ce monsieur a eu droit en plus à une «prime de rendement». Les exemples de ce genre abondent. La croissance de l'État et de ses responsabilités, qui a constitué un incontestable progrès, a servi par ailleurs à la promotion d'un grand nombre d'individus; le service à la collectivité n'est pas chez tous le souci premier. En d'autres circonstances, certains en seraient restés à des situations plus modestes; les chemins de la bureaucratie ont fait d'eux des parvenus. Installés dans des postes confortables, comment seraient-ils sensibles aux inégalités, inquiets des dérapages de la démocratie sociale?

On appliquerait à plusieurs institutions publiques le jugement sévère porté par la commission Rochon sur les services de santé et les services sociaux: «Tout se passe comme si le système était devenu prisonnier des innombrables groupes d'intérêt qui le traversent: groupes de producteurs, groupes d'établissements, groupes de pression issus de la communauté, syndicats, etc.; [comme si] la personne à aider, la population à desservir, les besoins à combler, les problèmes à résoudre, bref, le bien commun, avaient été oubliés au profit des intérêts propres à ces divers groupes[4].» Des employés font la sourde oreille à la voix et aux suggestions des usagers; des professionnels se disputent les responsabilités et les crédits; des administrateurs s'érigent en castes aux dépens du personnel. Selon le poids des factions, des secteurs sont privilégiés alors que d'autres doivent se contenter de ressources insuffisantes...

Il n'est pas surprenant que l'on n'arrive pas à modifier les modalités des politiques sociales en fonction des formes persistantes de l'inégalité. Le système de sécurité du revenu? Le constat de Robert Sansfaçon est sans détour: le système «a raté les deux objectifs principaux qui étaient de réduire les écarts entre les riches et les pauvres et de favoriser l'autonomie des individus[5]». À l'origine, l'assurance-chômage a été une conquête sociale incontestable, dans la mesure où elle devait parer aux aléas des pertes d'emplois; elle est devenue un complément du revenu pour beaucoup de travailleurs et une subvention aux entreprises qui pratiquent l'emploi saisonnier. Le Québec compte un grand nombre d'assistés sociaux aptes au travail; l'État tarde à leur donner la formation nécessaire à une réinsertion sur le marché de l'emploi. Il est vrai que la formation professionnelle est à la mode; des politiciens confient périodiquement leurs préoccupations là-dessus, mais pour attiser l'éternelle querelle sur les responsabilités respectives du gouvernement provincial et de l'État fédéral. Quant au développement régional, en dépit de la rhétorique généreusement déversée depuis des décennies, on n'aura

---

4. *Rapport de la Commission d'enquête sur les services de santé et les services sociaux,* Québec, Les Publications du Québec, 1988, 407.

5. *Le Devoir,* 16 mars 1993.

réussi qu'à juxtaposer les unes aux autres les habituelles politiques sectorielles des ministères[6]. La machinerie édifiée par la démocratie sociale risque donc d'être paralysée. Bien plus, la logique de son fonctionnement tend à gauchir la perception des problèmes. Là où il y a diversité de situations et de comportements, les bureaucraties construisent des catégories qu'elles finissent par considérer comme des groupes sociaux réels, auxquels elles s'efforcent d'ajuster des programmes adéquats[7]. De la population elle-même, par l'intermédiaire de rassemblements inspirés par la mentalité corporatiste, viennent des pressions qui représentent elles aussi des groupes aux contours plus ou moins artificiels et qui introduisent des inégalités dans l'accès aux politiques sociales. Quand l'État se prête à des consultations publiques, ces groupes organisés ont les moyens de se faire entendre. Que ce soit par l'initiative des services publics ou par l'action de factions privilégiées, se diffuse une conception des besoins qui, au lieu d'éclairer la réalité, y fait souvent écran.

Au reste, par la formation des professionnels, par le genre de vie qui les distingue de leur clientèle, une espèce de malentendu culturel brouille la pratique des politiques sociales. Ce qui explique en partie les inégalités entre les classes moyennes et les classes populaires pour ce qui est de l'accès aux services publics : ceux qui disposent d'une instruction et d'une information plus poussées sont davantage proches de la culture des agents des services publics que les personnes des milieux moins favorisés. La

---

6. On consultera, entre autres, les travaux de Clermont Dugas, notamment : *Les Régions périphériques, défi au développement du Québec*, Sillery, Les Presses de l'Université du Québec, 1983.

7. «Le propre des appareils technocratiques est d'avoir la capacité de produire des demandes en fonction de l'offre qu'ils contrôlent, de susciter des besoins, et donc d'intervenir directement dans la définition des valeurs.» (Alain Touraine, *Le Retour de l'acteur,* Paris, Fayard, 1984, 171.) Voir l'excellente étude de Frédéric Lesemann sur «La pauvreté, aspects sociaux», dans le *Traité des problèmes sociaux* déjà cité (581 et s.).

pauvreté de la culture se conjugue avec la pauvreté matérielle pour jouer contre des politiques sociales qui ont pourtant pour objectif de les combattre.

Des classes sociales en mouvance

Les difficultés que je viens de recenser font entrevoir des changements de fond moins aisés à cerner et qui concernent les classes sociales.

Ce concept de *classe sociale* est aussi embarrassant que celui de *nation*; on doit l'utiliser avec des précautions dont je ne saurais faire longuement état ici. Je rappellerai seulement que les groupements de ce genre ne reposent ni sur les interactions des individus ni sur un système de rôles et de statuts; les personnes s'y rattachent par le report à une même *référence* collective ancrée dans une symbolique et un genre de vie communs. Des organisations, des associations professionnelles par exemple, définissent le groupe dans des idéologies, tracent des frontières, alors que les franges sont plus diffuses dans les attitudes et les conduites effectives des individus. Les classes sociales se distinguent par la connotation hiérarchique : l'occupation, le revenu, le style de consommation servent de discriminants aussi bien pour les façons d'agir que pour les représentations. Dans n'importe quelle société, des valeurs sont considérées comme éminentes; les individus en sont plus ou moins éloignés; ils occupent une place plus ou moins enviable dans la pluralité des échelles de pouvoir et de prestige.

Pour situer les classes, on s'est longtemps servi d'approximations sommaires, mais assez justes. Au regard de tout le monde, la bourgeoisie entretenait des façons de vivre originales et en manifestait avec ostentation les symboles. Dans les processus de la production industrielle, la classe ouvrière ne possédait à la limite que sa force de travail tout en étant dotée d'une culture caractéristique; en principe, le syndicalisme incarnait le mouvement ouvrier. Surtout composée d'employés, une classe moyenne occupait

l'intervalle entre bourgeois et ouvriers. En constante
diminution d'effectif, la paysannerie se tenait en marge...
Ces catégories ont servi, au cours de la Révolution
tranquille, à des manipulations idéologiques utiles à
certaines organisations. Le recrutement des syndicats ayant
envahi les services publics, on s'est mis à parler des
travailleurs pour désigner des groupes parfois assez éloignés
des ouvriers de l'industrie; même les professeurs
d'université sont devenus des «travailleurs de l'enseignement»... Gonflée artificiellement, l'idéologie a éclaté par un
sursaut du bon sens et la vertu corrosive de l'ironie. Une
fois dissipés ces nuages de la spéculation, nous voilà forcés
d'examiner de plus près ce que sont devenus les rapports
de classe. Je m'y essaierai brièvement, moins pour
construire des cases capables de ranger tous les individus
sans restes que pour discerner comment s'altèrent
actuellement les repères d'identité.

Une bourgeoisie des affaires de style plus ou moins
traditionnel subsiste toujours; le dynamisme n'en est pas
exclu, comme le montrent les réussites spectaculaires de
beaucoup d'entreprises. Par contre, les ramifications
internationales des échanges, la concentration des capitaux
dans les domaines liés au développement scientifique et à
la production de matériels d'équipements, l'information
devenue une très importante matière première se combinent
pour favoriser la croissance d'un autre type de bourgeoisie:
la propriété y joue un rôle important, mais aussi le contrôle
et la gestion; les appuis du pouvoir y sont diversifiés de
même que l'étendue des aires où il s'exerce. Un clivage
tend à distinguer le pouvoir sur les choses et le pouvoir sur
la culture; la gestion, le contrôle, l'encadrement requièrent
des savoirs dont la maîtrise est complexe et qui commandent
des modes nouveaux de sociabilité et d'attitudes.

Gestion, contrôle, encadrement caractérisent l'économie
marchande. Mais l'extension extrêmement rapide de l'État,
des services de santé, d'éducation, d'assistance ont
provoqué la montée d'une nouvelle bourgeoisie de

gestionnaires qui, par l'utilisation des mêmes modes d'autorité et d'information, partage la référence d'une partie grandissante de la bourgeoisie des affaires. Le passage d'un monde à l'autre est encore relativement rare ; il n'est pas exclu qu'il s'intensifie à l'avenir. Par suite du poids de la gestion et de l'information, les pouvoirs qui influent dorénavant sur la position des problèmes et leur solution deviendront de plus en plus homogènes. Si, par suite d'une communauté de pouvoir et de culture, la circulation entre les administrateurs de l'État et ceux de l'entreprise s'accentue, il se pourrait que s'atténue, que s'efface même, la tension qui séparait les deux secteurs et qui assurait, au moins en principe, la sauvegarde du bien public à l'encontre des intérêts privés. Le retour actuel du néolibéralisme jusque dans les enceintes gouvernementales est-il un signe avant-coureur ?

En même temps que se modifie la configuration du pouvoir, la croissance rapide du secteur tertiaire transforme le champ social tout entier. Entre 1961 et 1990, les emplois dans les services sont passés de 52 % à 72 % de la main-d'œuvre. Il y a là un univers fort hétéroclite : du médecin au coiffeur, en passant par le professeur et la caissière. On relève néanmoins des caractéristiques communes : la relation du producteur et de l'usager y est primordiale, au point où elle est fréquemment l'objet de la production ; l'évaluation de la qualité et de la productivité y adopte des mécanismes différents de ceux qui prévalent dans l'industrie. L'information et la gestion remplissent ici encore une fonction capitale, mais qui est exercée de façons diverses : à un extrême, la relation du dispensateur de services avec le client, ou du supérieur avec un autre supérieur, est très personnalisée et met en jeu des compétences élevées ; à l'autre extrême, la communication est standardisée et l'information banalisée. Ce qui engendre une structure de classe très différente de celle qu'on observait jadis. Alors qu'on plaçait au premier rang la production industrielle, et par conséquent l'opposition de la classe ouvrière et de la bourgeoisie, nous nous trouvons devant une répartition où la dispensation des services s'avère prédominante.

Une nouvelle classe moyenne partage avec la bourgeoisie les responsabilités de contrôle et d'encadrement dans les services publics et dans l'entreprise privée. Plus l'instruction se répand, plus s'établit une hiérarchie des disciplines et des diplômes. La réforme de l'éducation des années 1960 a eu des répercussions sur les transformations des rapports de classes ; la communication et l'information étant au premier plan, la scolarité garantit plus que jamais le statut, la *référence* de classe.

L'univers des services possède son prolétariat : la scolarisation y est faible ; les emplois y sont précaires ; la syndicalisation y est difficile ou carrément inexistante. Des occupations anciennes, emplois de bureau par exemple, se sont dégradées dans leur exercice et dans leur statut. À cet égard, on constate encore un effet de génération : les plus jeunes font face plus que les aînés à la dévalorisation du diplôme ; ils ne bénéficient pas de la même protection corporative ou syndicale.

Et la classe ouvrière ? Le secteur secondaire, qui regroupe en très grande majorité les emplois manufacturiers, connaît une décroissance constante : de 26 % de la main-d'œuvre en 1961, il est passé à 19 % en 1990. Des traits tradition-nellement rattachés à la classe ouvrière ont disparu ou ont été rendus plus flous. Il arrive que le travail comporte des tâches caractéristiques du tertiaire (surveillance, relations avec les clients). La routine voisine avec l'initiative. Alors que de grandes entreprises dominent dans l'agriculture et rangent leurs propriétaires dans la bourgeoisie, de petits exploitants et des travailleurs de tous genres restent marqués par le milieu rural ; quant aux liens de dépendance et aux attitudes, sont-ils si différents de ceux qu'on rencontre chez beaucoup d'ouvriers de l'industrie ? Dans le passé, la cohésion de la classe ouvrière ne lui venait pas seulement de la fonction des individus dans la production mais d'une certaine homogénéité du genre de vie, d'une culture. Or cette culture s'est effritée, sous l'influence des médias et par la diversification des compétences au sein du monde ouvrier. Quant aux organisations susceptibles de conférer une référence objective à un ensemble devenu plus fluide, elles ont élargi leur clientèle bien au-delà des ouvriers de l'industrie. S'il y a encore une classe ouvrière, ses effectifs aussi bien que ses repères d'identité ont beaucoup perdu de leur ancienne cohésion. En bref, depuis les années 1960, les classes sociales ont été chambardées. L'augmentation des tâches de gestion, d'information et de contrôle a renforcé une bourgeoisie appuyée sur un capital de savoirs et de relations, sans que diminue par ailleurs le poids de la propriété. En même temps, bigarré depuis toujours, le champ des classes moyennes a connu une polarisation de plus en plus nette. Une couche très scolarisée, travaillant dans les entreprises autant que dans les services publics, jouit de privilèges et d'influences qui la rapprochent de la bourgeoisie des décideurs. Lui sont subordonnées des occupations où les relations sociales jouent encore le rôle principal, tout en étant de plus en plus routinières et standardisées à mesure qu'on descend dans l'échelle de l'initiative et du prestige. Ainsi se constitue une strate que l'on qualifie fallacieusement de classe moyenne, alors qu'il s'agit d'une masse d'occupations qui se rapprochent de celles du monde ouvrier, lui-même soumis à des fragmentations. À la lisière se forme un prolétariat de plus en plus nombreux où la précarité des emplois et l'absence d'organisation se combinent avec d'autres causes de marginalisation et d'exclusion.

Depuis les années 1960, des facteurs déterminants nous éloignent donc des pouvoirs et des idéologies d'hier quant à la position de la question sociale et quant à la contestation de l'ordre établi. La structure de la bourgeoisie se transforme, sans que sa cohésion se perde. Elle adopte un discours qui confirme sa prééminence : la valorisation de la gestion n'a-t-elle pas gagné tous les secteurs de la vie collective, de l'entreprise à l'État, en passant par l'université

où des entrepreneurs d'un nouveau genre relèguent les
chercheurs dans la classe moyenne du savoir? Plus bas, les
changements n'ont pas eu de conséquences comparables à
celles dont a profité la bourgeoisie. La classe ouvrière
décline en effectifs et en cohésion; ce qui en reste rejoint,
par plusieurs traits communs, une vaste population
travaillant dans le secteur des services ou dans des
occupations du milieu rural. Comment ne pas pressentir une
convergence vers une classe sociale qui engloberait ces
produits disparates d'une évolution récente? En tout cas, ce
qui est peut-être l'embryon d'une nouvelle classe populaire
ne laisse guère voir quelque intégration sur le plan de
l'organisation et sur celui des représentations collectives.
Quel mouvement social pourrait en provenir qui lui donne
une *référence* et en fasse un contrepoids efficace aux
nouveaux pouvoirs? À la perplexité qui nous vient, on
mesure à quel point la question sociale se pose en des termes
inédits et combien les objectifs de la démocratie ont besoin
de ressourcement.

IX

L'AVENIR D'UNE
DÉMOCRATIE SOCIALE

Alors que la question sociale s'est déplacée, bien des gens se sont lassés des réformes ou se désespèrent devant les obstacles dressés par des groupes privilégiés. Et le remaniement des classes sociales nous laisse incertains quant aux possibilités de concertation et d'action des moins favorisés. Dès lors, ne sommes-nous pas contraints de réexaminer la tradition de la démocratie sociale ? Au-delà des mises à l'épreuve où elle s'est parfois enlisée, il nous est au moins possible d'en replacer devant nous les grandes visées, de vérifier si nous pouvons encore y puiser quelques raisons communes partagées par des citoyens responsables. En gros, cette tradition renvoie à deux impératifs dont la conjonction fait l'originalité. D'une part, la démocratie sociale en appelle à l'intervention de l'État dans le cours des événements. Alors que le libéralisme se contente du maintien d'une certaine sécurité publique et d'une paix sociale minimale, de façon à laisser agir les forces que la légalité ne condamne pas, la démocratie sociale est volonté d'infléchir le devenir en fonction de normes à définir et à promouvoir. En contrepartie, elle privilégie la liberté, ce qui n'est contradictoire qu'en apparence : il faut contraindre les puissants pour libérer les plus faibles, à qui il ne s'agit pas seulement de rendre justice mais de rendre parole. Planification et participation : ces deux ambitions, par des réalisations diverses et parfois mal coordonnées, ont inspiré la Révolution tranquille. N'est-il pas vrai qu'elles sont actuellement compromises l'une et l'autre? La plupart des pays qui nous servaient de modèles reviennent en arrière. Aux yeux de certains, la dictature soviétique et les démocraties dites *populaires* ont discrédité le socialisme; ailleurs, seule l'étiquette a résisté à l'usure du pouvoir. Au Québec, nous n'avons plus les ressources pour rêver à de splendides aventures que l'on pensait poursuivre naguère sans renoncer aux privilèges acquis ou escomptés. Les récessions, le coût des services sociaux, l'énormité de la dette publique inclinent à remiser les grands idéaux au placard de l'histoire. Les projets, quand il en subsiste, portent surtout sur des coupures à effectuer ou sur des privatisations à consentir. Des politiciens prônent le réalisme de l'impuissance et insistent en toute occasion sur les limites de l'État-providence.

En revanche, la gestion est partout exaltée; la rationalité qu'elle est censée assurer dans l'économie et ailleurs est un excellent prétexte pour écarter la voix des profanes. Les aspirations à la participation qui animent des mouvements sociaux et des groupements populaires sont plus ou moins méprisées par ceux qui possèdent le savoir ou l'argent, à moins qu'elles soient tolérées comme d'utiles exutoires ou d'inoffensifs divertissements. Est-ce le retour du silence où se dissimulent volontiers les pouvoirs anonymes?

Faut-il renoncer à l'État-providence?

Dans tous les pays d'Occident, le procès de l'État est à la mode, dans les cercles politiques aussi bien que dans les milieux des affaires. Comme d'habitude, nous suivons le mouvement avec quelque retard. D'après certains, nous devons nous apprêter à franchir une autre étape dans la liquidation de la Révolution tranquille. Le président du Conseil du patronat, M. Ghislain Dufour, résume ainsi des opinions courantes: «Contrairement à ce que d'aucuns croient toujours, l'État n'a plus aujourd'hui à être entrepreneur, dans quelque domaine économique que ce soit. L'État marchand d'aluminium, raffineur de sucre, transporteur aérien, embouteilleur de spiritueux, gestionnaire de pentes de ski ou encore distributeur de courrier n'a plus sa place. L'État doit plutôt être un agent motivateur, un accompagnateur, un stratège. Sa mission doit être de motiver le secteur privé et non pas de s'y substituer[1].» *Motiver, accompagner?* L'État pédagogue ou ange gardien, se tenant à l'écart tout en dispensant quelques bons conseils à tous et chacun, M. Dufour le veut *stratège*: pour quelles manœuvres, avec quels pouvoirs?

L'État raffineur, embouteilleur, hôtelier: ces exemples font image, et à les brandir avec une pointe d'ironie on est sûr de convaincre sans peine. Mais pourquoi ne pas allonger la liste? Raffineur de sucre? L'État, producteur d'électricité avec Hydro-Québec, est-ce plus justifiable? Hôtelier? Que penser de l'État gérant d'immeubles, y compris de ses propres édifices qui pourraient être cédés à l'entreprise privée, celle-ci les lui louant en retour? Les hôpitaux ne seraient-ils pas mieux administrés si on les soustrayait à la bureaucratie gouvernementale? L'enseignement privé étant (à ce qu'on prétend du moins) supérieur en qualité à l'enseignement public, que penser de l'État éducateur? Il n'y a pas de raison de s'arrêter dans l'énumération. Sauf si les contempteurs de l'État osent mettre carrément en lumière un critère gardé d'habitude par-devers soi: confier à l'entreprise privée ce qui est rentable, conserver à l'État ce qui n'est pas susceptible de le devenir. Où l'État puiserait-il alors les ressources pour assumer ses obligations? Seulement dans les impôts et les taxes, que les apologistes de l'entreprise privée trouvent déjà trop élevés? Rendu inoffensif, dépouillé de toute participation un peu vigoureuse à la vie économique, on ne voit pas comment l'État oserait jouer au *stratège*.

Malgré tout, que l'humour discret pratiqué par M. Dufour ne nous égare pas. Il nous convie utilement à revoir les

---

1. Ghislain Dufour, «L'État-référence», *Le Devoir,* 13 mai 1994.

raisons d'être des interventions de l'État dans la vie sociale. Ce qui semblait entendu au temps de la Révolution tranquille est à repenser. Et pour cela, il faut revenir aux justifications des interventions politiques. Là-dessus, on aurait pu craindre naguère de ressasser des lieux communs; aujourd'hui, nous voilà obligés de reprendre une argumentation qui ne rallie plus d'emblée la majorité des esprits.

Posons, si cela paraît utile, un principe incontestable: la libre entreprise est nécessaire au dynamisme de l'économie et de la démocratie. Ce qui exclut tout autant les monopoles privés que la pesante mainmise de l'État. Aux extrêmes, les deux formules se rejoignent: l'économie soviétique où on voit facilement l'incarnation, et donc l'échec retentissant du socialisme, était en réalité le prototype le plus achevé du capitalisme d'État[2]. Convenons-en sans réticence: toute réglementation n'est pas bénéfique; toute nationalisation n'est pas opportune.

La valeur de l'entreprise lui vient de la concurrence et de sa faculté de répondre à des besoins. Ceux-ci, elle les traduit en termes de marché; c'est la condition de sa survie et de son expansion. Il est néanmoins des besoins qui ne se manifestent pas sous forme de la demande sur un marché; produit et pouvoir d'achat se rencontrent selon des correspondances qui peuvent laisser de côté des besoins fondamentaux. Et la concurrence n'aboutit pas fatalement à la concertation; comment postuler qu'elle répond automatiquement aux exigences du bien commun? Si l'on

---

2. Jean-William Lapierre le décrit parfaitement: «Les membres du parti ont le privilège d'être comme les petits actionnaires de ce monstrueux holding d'État sans participer plus aux décisions que les petits actionnaires de nos sociétés anonymes; le Comité central du Parti est comme une assemblée dite "générale", le Bureau politique comme un Conseil d'administration, le Secrétaire général comme un p.-d.g. Il n'y a rien de socialiste là-dedans. C'est la pire espèce de capitalisme.» («Que reste-t-il du socialisme?», *Possibles*, 17, 3-4, été-automne 1993, 59.)

se place, cette fois, dans la perspective des consommateurs, comment croire que la somme de leurs choix correspond toujours à l'intérêt de tous ? Le marché est un indicateur et un stimulant d'une fécondité certaine ; même s'il jouait avec la plus parfaite autonomie, il ne réussirait pas à satisfaire adéquatement les besoins individuels et collectifs. Sans compter que la liberté ne s'y déploie pas sans partage. De grandes entreprises imposent leurs règles du jeu et n'ont pas de comptes à rendre publiquement ; par ailleurs, on n'identifiera pas la production des biens et des services avec la spéculation financière à laquelle se livrent des firmes sans utilité vérifiable. Les consommateurs, eux non plus, n'influent pas également sur le marché, et par conséquent sur les représentations collectives des besoins ; le pouvoir d'achat est différemment réparti, et les aspirations se transforment à mesure qu'augmentent les moyens de les satisfaire. Il est possible que la demande des uns empêche l'émergence de la demande des autres, que la satisfaction des désirs des nantis dispense de répondre aux plus modestes besoins des moins bien pourvus.

Mais les mouvements sociaux ne sont-ils pas capables de corriger les inégalités des pouvoirs économiques ? Ils disposent d'une liberté d'initiative semblable à celle de l'entreprise ; ces deux libertés ne seraient-elles pas complémentaires ? L'histoire du mouvement ouvrier semble le confirmer. Le syndicalisme a progressé en parallèle avec l'économie capitaliste, en élaborant des coutumes qui sont l'une des sources principales du droit social. Il a conquis une force incontestable, grâce surtout à l'instrument de la convention collective. Même s'il ne se limite plus au monde ouvrier d'où il a tiré sa première impulsion, il demeure un outil irremplaçable de défense et de promotion. Néanmoins, syndicats et entreprises n'incarnent pas une espèce d'équilibre des forces. Les syndicats se plient eux aussi aux combinaisons de l'offre et de la demande ; plusieurs de leurs revendications portent sur le revenu et font du travailleur un consommateur un peu mieux pourvu. Le syndicalisme n'échappe pas aux lois du marché; l'influence n'est-elle pas un produit qui se paie et s'échange? Ces réflexions, je ne me le cache pas, sont banales. Elles méritent cependant d'être reprises dans la mesure où, lorsqu'ils mènent le procès de l'État envahissant, les tenants du néolibéralisme exagèrent la modestie de leurs prétentions. Entreprise *privée*? Le qualificatif n'est-il pas quelque peu trompeur? Il laisse entendre que, contrairement à l'État dont l'appareil dominerait sans partage la sphère publique de la vie collective, l'entreprise n'opérerait que dans l'univers de la société civile, là où ne s'exerceraient que les libres décisions des entrepreneurs et des consommateurs. Les deux mondes s'opposeraient comme la contrainte à l'initiative: voilà de quoi on voudrait nous persuader, cherchant à nous faire oublier que l'économie a elle-même acquis une autonomie en tant qu'entité publique, pourvue de moyens souvent plus importants que ceux de l'État, auréolée d'un rayonnement magique que célèbrent des politiciens d'aujourd'hui avec une onction pareille à celle que vouaient à la religion des politiciens d'autrefois. L'économiste Galbraith le souligne: «La production privée de biens et services, si frivoles soient-ils, jouit d'une sanction morale qui n'est accordée à aucun service public, la défense nationale exceptée... Nous avons créé un système économique très puissant. Nous devons reconnaître son efficience. Mais il est naturellement porté à se servir de sa puissance en vue de ses fins propres. Il serait surprenant qu'il n'emploie pas cette puissance à plier les hommes à ses fins[3].»

Les entreprises sont donc parties prenantes à la vie publique où luttes et conflits sont inévitables. Dès lors que l'économie a étendu son empire, que la demande a débordé les biens élémentaires pour envahir les biens symboliques et que les pouvoirs se sont ramifiés en proportion, l'extension des interventions de l'État est nécessaire. Il lui revient de maintenir, directement ou indirectement, des

---

3. Cité par André Garz, *Stratégie ouvrière et néocapitalisme,* Paris, Seuil, 1964, 108-109.

services et des projets qui échappent à la logique marchande, d'empêcher l'exploitation des plus démunis au nom de la liberté, de contrecarrer les pouvoirs qui se réclament de l'idéologie sans cesse résurgente du laisser-faire. Pour y arriver, l'État est obligé de s'approprier de puissants leviers ; pour ne pas se limiter à bénir ou à tancer les acteurs, il lui faut en être un lui-même, et de premier plan. Ce n'est pas assez qu'il intervienne de façon épisodique, au gré des circonstances ou des pressions extérieures ; il doit pratiquer, avec l'ampleur et la cohérence nécessaires, la *planification.*

Planification : le mot n'est plus guère à la mode. C'est dommage. Car pour la démocratie sociale, les grands objectifs de la collectivité doivent être ouvertement posés. Les changements dont on n'anticipe pas l'issue et dont on ne perçoit pas la signification sont intolérables, manipulés par les arbitrages disparates, les astuces et les slogans de circonstance. Le plan n'est pas un secret de spécialistes ; c'est l'ensemble des contraintes et des choix d'un projet de société. Il éclaire des enjeux, départage des intérêts, indique des cheminements.

Quand la politique est livrée à l'improvisation, lorsqu'elle feint de ne pas s'immiscer dans les conflits ou les complicités des groupes, c'est que son action s'exerce en secret. Comme elle doit nécessairement agir, parce que des intérêts divers la courtisent, elle le fait en coulisse et loin des citoyens. Au contraire, la planification en appelle à l'initiative de tous plutôt que d'en dispenser le plus grand nombre ; parce qu'elle décrit ouvertement les intentions et les obstacles, elle est un instrument indispensable à la participation des citoyens.

Contre la bureaucratie

N'empêche que l'État-providence a mis en place un appareil bureaucratique qui conduit à une incontestable inertie et qui sert de prétexte à la critique pas toujours injustifiée de la part du néolibéralisme.

Cela étant, je n'ajouterai pas quelques diatribes supplémentaires au procès facile des fonctionnaires. Le service public ne comporte pas de pentes fatales qui conduiraient à l'incompétence, à la routine ou à l'arrogance. Pas plus d'ailleurs qu'il ne détient le monopole des tendances bureaucratiques : la rigidification, la sclérose des institutions se rencontrent un peu partout ; et le corporatisme qui s'est répandu pendant la Révolution tranquille est le comparse de la bureaucratie. Il arrive même que celle-ci soit le complément de l'incurie des élus, laquelle entraîne le repliement de l'appareil administratif sur ses habitudes. La dérive du service public vers la bureaucratie n'est donc pas inhérente à la croissance de l'État-providence ; les remèdes ne consistent pas à restreindre arbitrairement son champ d'action.

Mon incompétence et les dimensions du présent livre m'interdisent d'aborder des réformes de structures. Il m'apparaît cependant, et c'est une conviction partagée par plusieurs, qu'une certaine massification de l'effectif, qu'une trop grande hiérarchisation des services, que la complexité des communications qui s'ensuivent découragent l'innovation. Les dédales où se perdent les démarches, les réglementations tatillonnes sont les résultantes d'un défaut d'autonomie des intervenants à l'intérieur de l'appareil administratif. Un jour, une commission d'enquête se penchera sur cet enchevêtrement de rôles, de statuts, de comités pour y introduire un peu de simplification.

Et de responsabilité. On soulève périodiquement la question de l'*imputabilité* des grands commis de l'État. La situation actuelle frise la caricature : un ministre est censé être le seul responsable devant l'Assemblée nationale de toute mesure arrêtée dans son ministère, c'est-à-dire dans un organisme le plus souvent énorme où des décisions multiples sont prises chaque jour et dont un grand nombre échappent non seulement à sa vigilance mais à sa compétence. Ce principe de responsabilité exclusive pouvait avoir quelque fondement au temps ancien où la taille de l'État était réduite, mais il ne subsiste aujourd'hui que par une fiction abusive. Il en résulte un filtrage de l'information et une opacité des décisions ; le mystère qui entoure les rouages de l'administration est levé quelque peu chaque année par le rapport du vérificateur général ou par l'astuce de journalistes, pour se rétablir aussitôt. En rendant des fonctionnaires plus ouvertement responsables, on ne viserait pas à jeter la suspicion sur leur travail mais à le valoriser ; en reconnaissant leur initiative, on les sortirait d'un anonymat qui les incite à la complaisance envers l'appareil. L'impartialité du fonctionnaire et le secret de ses activités, où l'on voit la garantie de la neutralité de l'État, en arrivent à se confondre avec la routine ou l'impuissance. C'est d'abord par un défaut de latitude ouvertement reconnue que s'installe la bureaucratie.

Cette restauration de la responsabilité doit s'accompagner d'autres stratégies.

On a multiplié les conseils qui, en principe, représentent les intérêts des citoyens. Ces organismes doivent recourir à des experts aptes à communiquer avec ces autres experts qu'ils sont censés contrôler ; on risque d'aboutir à une redondance des technocraties qui ferait écran à la participation plutôt que de la favoriser. La voix de ces conseils risque de se perdre dans la cacophonie des messages qui parviennent au public. Au mieux, en dédoublant des instances, on peut espérer que s'exercera un certain équilibre des pouvoirs par les pouvoirs. Ce qui est limité, sans être du tout méprisable.

Les mesures de décentralisation des politiques semblent plus efficaces. On en parle depuis longtemps ; plusieurs groupes qui ont comparu devant la commission Bélanger-Campeau l'ont réclamée au nom des régions qu'ils représentaient. S'agit-il simplement d'instituer des instances régionales, d'ajouter des mécanismes à la machinerie ? Ne serait-ce pas déplacer les difficultés et les bureaucraties, rendre l'État plus vulnérable aux intérêts et aux pressions en le rapprochant des quémandeurs locaux ? La décentralisation n'est pas, en tant que telle, une garantie de démocratie; il est des décisions que l'on aurait tort de fragmenter. La redistribution des ressources exige des vues d'ensemble et une concentration des stratégies. Le développement économique, l'aménagement des infrastructures, les équipements collectifs et l'égalité des chances ne peuvent être du seul ressort de pouvoirs régionaux. Par exemple, autant les établissements scolaires ont besoin d'une large autonomie pour surmonter les obstacles à la scolarisation qui tiennent à la singularité des milieux, autant des examens généraux au niveau des cégeps, étendus à l'ensemble du territoire, garantiraient à tous les élèves une même qualité des diplômes.

Au surplus, la notion de décentralisation prête à confusion. S'agit-il des lieux de décision, comme on l'entend d'habitude et comme je viens de l'évoquer? Ou veut-on désigner par là, ce qui est tout autre chose, la proximité et l'autonomie des services et des agents responsables? Cette seconde acception est, de loin, la plus importante. Si l'on veut sauvegarder les conquêtes de l'État-providence tout en combattant ses effets pervers, il faut briser la logique bureaucratique: celle-ci, je l'ai rappelé, enferme les situations et les problèmes dans des catégories générales qui, fixées par commodité administrative, finissent par se substituer aux entités réelles. On n'arrive à la contrecarrer qu'en rapprochant le plus possible les initiatives professionnelles des populations concernées. Dès lors, le contrepoids aux mécanismes bureaucratiques ne consiste pas à leur opposer d'autres mécanismes, mais à leur adjoindre des ressources qui proviennent des milieux.

L'État-providence n'a pas aboli les formes d'entraide et de soutien qui ont toujours animé la vie sociale, même s'il a suppléé à leur carence ou complété leur action. Dans une très belle monographie sur l'assistance aux personnes âgées, Frédéric Lesemann et Claire Chaume ont montré à quel point les solidarités familiales sont encore très présentes, contrairement à ce que véhiculent des préjugés courants;

ces chercheurs ont pu observer une «économie familiale» malheureusement méconnue ou disqualifiée. Pourquoi ne pas s'appuyer sur ces ressources? Les auteurs décrivent l'expérience du comté de Kent en Angleterre, laquelle se prolonge depuis assez longtemps pour avoir conduit à des analyses concluantes: «Un *case manager* y est responsable d'organiser à l'échelon local, en collaboration avec les familles, les personnes âgées, les ressources publiques et bénévoles, la prise en charge des personnes âgées dépendantes, dans tous les aspects matériels, financiers, sociaux, etc., de cette prise en charge. Le *case manager* assume et coordonne sur une base territoriale les interventions nécessitées par les besoins de 30 à 50 personnes. Il est libre d'utiliser les ressources financières attribuées globalement en fonction du nombre de personnes prises en charge, selon son meilleur jugement, afin de trouver au cas par cas les réponses les plus appropriées aux besoins[4].» Pareille façon de faire ne vaut-elle pas, en partie du moins, pour d'autres modes d'assistance? Dans diverses expériences de réinsertion sociale, on a compris qu'il fallait en venir au cas par cas; ce qui implique qu'on laisse localement une très large initiative aux spécialistes responsables. J'en dirai autant à propos du décrochage scolaire: il est à tel point lié à des traits sociaux localisés, il requiert tellement de ressources à cette mesure qu'on devra, là aussi, diversifier les décisions et les collaborations, à l'encontre de programmes trop abstraitement conçus.

Participation et communauté

Poursuivre la planification sans s'empêtrer dans la bureaucratie suppose que l'État trouve devant lui autre chose que l'inertie des administrés. La participation démocratique n'est pas une organisation de surcroît, juxtaposée à l'autre pour sauvegarder l'initiative des personnes et des groupes; il ne suffit pas de mettre des

4. Frédéric Lesemann et Claire Chaume, *Famille-providence. La part de l'État,* Montréal, Éditions Saint-Martin, 1989, 245.

entraves à l'État-providence pour que la liberté fleurisse miraculeusement. Certes, il y faut des regroupements, des associations; cependant, ces rassemblements finissent par s'enliser à leur tour dans les procédures s'ils ne s'alimentent à la qualité de la sociabilité qu'entretiennent entre eux les citoyens.

N'est-on pas tenté de postuler plutôt que ce sont des individus, indépendamment de leurs appartenances à des milieux de vie, qui sont convoqués à participer aux institutions démocratiques? Comme si, désocialisés au préalable, ils pouvaient ensuite et par miracle redevenir des agents actifs dans une sphère publique superposée à leurs préoccupations ordinaires. Participer, n'est-ce pas plutôt transposer de quelque façon dans un organisme démocratique ce qui est vécu autrement dans un milieu déterminé? À l'origine, un mouvement social parvient à s'implanter vraiment s'il provoque cette transposition. Les premières réussites du Mouvement Desjardins ne s'expliquent pas autrement. Par la suite, il se peut qu'un mouvement continue d'exister tout en s'éloignant de cette ressource première, distribuant des services comme le ferait n'importe quelle entreprise; alors, il devient une organisation comme une autre, une pièce de plus dans la machinerie sociale. La participation s'est interrompue du moment qu'on a perdu l'impulsion originaire. La cause s'en trouve dans le groupement lui-même, mais aussi dans le tissu social, dans les possibilités que celui-ci offre ou non aux citoyens d'une participation aux enjeux collectifs.

Au cours de la Révolution tranquille, par-dessous des débats plus visibles, ce sont les institutions situées à la base de la vie sociale qui ont subi les transformations les plus profondes et les plus radicales.

Longtemps, la paroisse a été l'encadrement principal de la population à l'échelle locale, même en milieu urbain. Pour un grand nombre d'individus, elle a même délimité l'horizon principal de l'existence, la communauté dictant les rythmes des rassemblements et des fêtes, l'objet premier des préoccupations et des conversations. La baisse de la pratique religieuse, de plus en plus accusée à mesure que se déroulait la Révolution tranquille, n'a pas eu seulement des répercussions quant à la place de la religion dans la société québécoise ; elle a entraîné des changements majeurs dans la sociabilité. Les rassemblements qui renforçaient périodiquement la cohésion du groupe et favorisaient les échanges n'ont plus influencé qu'un petit noyau de personnes ; les grands symboles de la cohésion culturelle se sont estompés avec l'éloignement des croyances et des rites. Les liens de paroisse survivent davantage dans les milieux populaires où, malgré un déclin sensible là aussi de la pratique religieuse, l'identification à la paroisse persiste, soutient même de nouvelles formes d'entraide. Le changement se poursuit sans que se défassent les échanges. De toute façon, il est difficile de prévoir quelles seront à l'avenir les assises de la communauté locale. Le transfert ne s'opérera pas automatiquement par la mise en place de nouvelles structures, ni même par une décentralisation de l'État québécois, dont l'essor depuis 1960 s'est affirmé non seulement contre le gouvernement fédéral mais aux dépens des instances locales.

À l'instar de la paroisse et du voisinage, la famille aura traditionnellement suppléé à la carence de politiques sociales et répondu aux principaux aléas de l'existence. Historiens et sociologues ont montré à quel point elle a apporté dans le passé aussi bien un point d'appui pour l'enracinement qu'un support capital pour les migrations. Or, parmi tous les bouleversements des dernières décennies, c'est peut-être la famille qui a subi les contrecoups les plus durs. La nuptialité est en baisse ; le nombre des unions libres dépasse celui des mariages ; un tiers des naissances ont lieu hors du mariage. Les divorces brisent un nombre considérable d'unions. La monoparentalité augmente : 20% des familles en 1986, dont la charge repose sur une femme dans la proportion de huit sur dix. Le droit s'est adapté en conséquence : refonte du droit familial en 1980, cour provinciale du divorce en 1968, divorce sans faute en 1985. La précarité des unions n'est pas sans rapport avec la baisse de la natalité. Il serait superficiel de conclure à un bilan négatif. En fait, nous assistons à une double évolution de l'institution familiale. D'un côté, des enquêtes révèlent hors de tout doute un phénomène de désintégration qui a de graves conséquences, particulièrement chez des enfants et des adolescents, et qui s'ajoute à d'autres brisures de la sociabilité. Par ailleurs, l'apport de la famille a pris une importance inconnue auparavant. Dépouillées de leurs étais traditionnels, moins soumises aux contrôles de l'Église et des coutumes, les relations familiales font beaucoup plus appel à l'affectivité qu'autrefois. Si elles gagnent en profondeur, elles en deviennent fragiles puisqu'elles suscitent des attentes exigeantes. D'où la contradiction des diagnostics, selon qu'on insiste sur l'une ou l'autre conséquence de l'évolution : en un sens, la famille se défait ; d'une autre façon, elle se renforce.

De là aussi l'ambiguïté des services sociaux qui prennent le relais. Ils se chargent de problèmes dont les familles s'occupaient jadis, y compris ceux qui résultent de la désintégration des familles elles-mêmes. Ils ne remplacent pas pour autant le soutien familial qui, des études en font foi, reste capital et continue de reposer sur des critères différents de ceux des organismes publics ou des experts.

En somme, les solidarités coutumières ont subi elles aussi une véritable mutation au cours de la Révolution tranquille, sans perdre pour autant leur importance. Cette mutation est due, pour une large part, à la montée de l'individualisme sur laquelle, au Québec comme ailleurs, on a beaucoup insisté, surtout pour en souligner les aspects négatifs. Il est certain que, comme leurs contemporains d'autres pays, la plupart des Québécois se sont délestés d'allégeances anciennes devenues étouffantes à leur sens, d'institutions, de coutumes et de règles autrefois tenues pour intangibles. Ce qui n'exclut pas de nouveaux conformismes, y compris celui de s'en prétendre dépourvu. Le contrôle social n'a pas cessé de s'exercer, même si les modes en renouvellent les formes plus rapidement aujourd'hui. Malgré tout, si l'individu prend ses distances par rapport aux pressions contradictoires qui agissent sur lui, il s'engage dans une quête de l'authenticité que les temps anciens n'ont probablement pas connue. Est-il ainsi voué à la solitude? Ce retour à soi-même est-il la cause du désengagement politique, comme on le soutient un peu partout?

Ce n'est pas certain. Un phénomène étonnant est apparu pendant la Révolution tranquille et, pour être moins spectaculaire, il a la même importance que la croissance de l'État-providence: c'est la prolifération des groupes communautaires. Comme si la montée des organisations et la défection des coutumes s'étaient accompagnées, en concurrence ou en complément, d'une revitalisation de la sociabilité.

Pour désigner cette effervescence, le vocabulaire hésite: groupes d'entraide, organismes sans but lucratif, organisations non gouvernementales, mouvements associatifs, secteurs bénévoles? À la suite de Jacques T. Godbout[5], le mieux est de situer cette activité associative entre deux frontières: d'une part, la sphère de la famille, du voisinage, des amitiés, où la solidarité est inspirée par l'appartenance; d'autre part, les dépendances envers la société marchande et l'État, avec l'anonymat du contrat ou l'obligation de la prestation de services.

Dans l'espace ainsi délimité œuvrent les groupes les plus divers. Les uns relèvent de l'entraide. Les personnes s'y rejoignent pour affronter des difficultés qui leur sont communes: maladie, deuil, solitude, pauvreté... Dès lors la

---

5. Jacques T. Godbout, «La sphère du don entre étrangers: le bénévolat et l'entraide», dans *Traité des problèmes sociaux,* sous la direction de F. Dumont, S. Langlois et Y. Martin, Québec, IQRC, 1994, 981-994. Ouvrage capital du même auteur, en collaboration avec Alain Caillé, *L'Esprit du don,* Montréal, Paris, Boréal, La Découverte, 1992.

solution des problèmes n'est pas dissociable de l'interaction des personnes; à la limite, la sociabilité est la finalité première de la communauté. D'autres groupes font appel à des bénévoles; il arrive que ceux-ci soient pourvus d'une expérience pertinente, mais là encore la solidarité compte en premier lieu. Enfin, des groupes au statut plus formel requièrent les services de permanents. Ces trois types ont ceci de commun qu'ils reposent avant tout sur la gratuité des services. Les biens qui sont échangés, à commencer par les relations elles-mêmes, ne font l'objet d'aucune obligation. Rien ne contraint le bénévole à s'engager dans ce genre d'activité; le permanent ou l'expert, quand ils interviennent, sont subordonnés aux fins et à l'autorité du groupe. À moins que celui-ci ne dérive vers une forme d'organisation où la solidarité des membres fait place peu à peu à une clientèle...

Il n'est guère possible de recenser tous les objectifs que ces groupes sont susceptibles de poursuivre. Par principe, ils sont innombrables. À la différence des programmes définis d'en haut par l'État ou les services publics, les initiatives communautaires surgissent de besoins concrets et des projets des personnes. Leurs ressources d'adaptation sont proportionnées à l'aptitude qu'ont les individus à percevoir des problèmes, à l'imagination et au dévouement des intéressés. En 1986-1987, un millier de groupes d'entraide demandaient une assistance financière au ministère de la Santé et des Services sociaux; ils sont plus nombreux encore à profiter de l'aide de fondations, de communautés religieuses, de dons personnels. On parle de deux millions de bénévoles adultes au Québec; de nombreux centres les accueillent, les forment, les orientent. Plus de 800 groupes se consacrent à l'éducation populaire... Ce qui illustre assez l'ampleur du phénomène.

À mon sens, nous sommes devant l'innovation sociale majeure des dernières décennies. Pendant que l'État-providence retenait surtout l'attention, maintenant que des hommes politiques exaltent sur toutes les tribunes l'importance de l'économie et donc de la société marchande, la collectivité québécoise se reconstruit par le bas après avoir été secouée dans ses fondements. Alors que les utopies du Grand Soir ont fait long feu, cette utopie-là, beaucoup plus discrètement, gagne constamment du terrain. Le mouvement n'en est pas moins menacé de domestication par son vis-à-vis, la bureaucratie. L'État est tenté de se décharger de certaines responsabilités sur les groupes d'entraide, d'utiliser la main-d'œuvre gratuite que constituent les bénévoles. Ou encore, de confisquer ce qui se fait sans lui : ainsi, le ministère de l'Éducation annonçait son intention d'abolir le programme de soutien aux groupes qui se consacrent à l'éducation populaire, celle-ci étant censément réintégrée aux services du Ministère ; autant dire que des institutions officielles vont occuper un terrain où justement elles se sont montrées inefficaces. Pour sa part, l'Union des municipalités proposait de contraindre les assistés sociaux à faire du *bénévolat* ; l'idée n'a pas eu de suite, mais pareille caricature de l'engagement communautaire est symptomatique d'un état d'esprit. À cause de leur dispersion, qui est la condition de leur originalité, les groupes communautaires sont vulnérables face aux appareils technocratiques. Le conflit est inévitable, et il doit être maintenu. Entre la sphère où l'État veille à l'équité des services et l'économie marchande dont la contribution est évaluée surtout à l'aune du profit, la démocratie sociale exige la consolidation du mouvement communautaire qui nous confirme dans la conviction que le don libre et gratuit est la fin ultime de la vie commune.

Est-ce à dire que le mouvement communautaire occupant ainsi un vaste champ de la vie quotidienne, l'univers du travail va rester à l'écart ? Certes, il n'est pas question de transposer purement et simplement les principes de l'entraide et du bénévolat dans l'entreprise ; celle-ci est liée au marché, et le salariat (c'est-à-dire le marché encore) y est prédominant. Cela étant dit, ne faudrait-il pas que le renouvellement de la sociabilité dans les groupes

communautaires ait des résonances dans le monde du
travail? Des expériences de concertation, de cogestion
même sont en cours et donnent des résultats positifs. Plus
foncièrement, c'est le travail lui-même qui fait question en
tant que médiation indispensable à la participation sociale
du citoyen. Il est probablement le terrain où se réalise au
mieux l'intégration sociale; il confère aux individus une
identité sociale par la collaboration officiellement consacrée
à des œuvres communes et par la reconnaissance publique
qui y est attachée. D'où le privilège qu'on a longtemps
accordé au travail comme point d'appui des engagements
politiques. Le mouvement ouvrier n'y a-t-il pas trouvé sa
raison d'être?

Ainsi, le magnifique essor du mouvement communautaire
ne saurait détourner l'attention de la nécessité d'une autre
politique de l'emploi. Des associations créent des emplois,
en produisant des biens et des services avec le soutien
financier de l'État; ces expériences, en cours au Québec et
répandues en beaucoup de pays, contribuent à l'expansion
d'un *tiers secteur marchand* à côté de l'entreprise privée et
de l'entraide[6]. Le partage du travail donne lieu à des
propositions qui font leur chemin un peu partout;
indispensable, cette pratique sera insuffisante. Au Québec et
ailleurs, la politique consiste surtout à proposer des palliatifs
ou des compensations pour le chômage plutôt qu'à viser le
plein emploi. Changer de perspective obligera à renoncer
au postulat de la primauté d'une économie qui, comme la
bureaucratie, trouve en elle-même sa propre fin. Jacques Le
Goff le remarquait: «Toutes les mesures prises visent à
ajuster au mieux le social aux exigences de l'économique,
selon une stratégie qui n'est plus simplement d'adaptation,
mais de complète subordination sur la base du postulat
inavoué: ce qui est bon pour l'économie doit trouver
traduction sur le plan social par la levée des obstacles, par

6.   Voir: B. Lévesque, A. Joyal, A. Chouinard (sous la direction de),
      L'Autre économie: une économie alternative?, Sillery, Presses de
      l'Université du Québec, 1989.

la réduction des entraves et, de proche en proche, par une dérégulation qui joue au détriment de tous, chômeurs et actifs[7].»

De même que l'on doit affronter la bureaucratie sur son propre terrain, il ne faut pas laisser la société marchande à ses seules stratégies. La réfection de la société civile à laquelle travaillent les groupes communautaires ne dispense pas l'État de ses responsabilités ni de l'action politique.

---

7. Jacques Le Goff, «Des gadgets contre le chômage», *Le Monde diplomatique*, avril 1994, 3.

X

UN DÉPASSEMENT
NÉCESSAIRE

On se souviendra du dessein que je m'étais fixé au début de ce livre : une fois terminée la Révolution tranquille, dans une société très différente de celle des années 1960, comment discerner quelques issues pour le proche avenir ? Pareille préoccupation n'a rien d'original ; je la partage avec un grand nombre de mes compatriotes. C'est pourquoi, m'écartant autant qu'il est possible de démarches plus abstraites, j'ai voulu retrouver un état d'esprit, des *raisons communes* pour affronter les incertitudes du temps présent.

C'est là un préalable auquel il convenait de s'attarder, je crois. Car les sociétés et les cultures ne se confondent pas avec un stock d'institutions au fonctionnement plus ou moins bien réglé ; elles sont vouées à l'humanisation des personnes par la participation à des valeurs qui jugent les collectivités avant même que l'on consacre à celles-ci des analyses plus détaillées. Fort de ce postulat, lorsque l'on tente d'esquisser une vue d'ensemble comme je l'ai fait, on débusque certes des questions d'aménagement politique ou de développement culturel, mais on en arrive surtout à un constat majeur : une société et une culture ne servent la promotion des personnes, même en y mettant tous les outillages et les stratégies que l'on voudra, que si elles ne sont pas fermées sur elles-mêmes, que si elles refusent de se replier sur leur propre justification.

Bien entendu, une société doit être ouverte sur les autres

collectivités et les autres cultures; cependant, les indispensables échanges qui en découlent ne sont possibles que grâce à une autre ouverture, par le haut cette fois. Ne faut-il pas, en effet, qu'une société se considère comme perpétuellement inachevée, qu'elle avoue ses manques et sa finitude? N'est-il pas nécessaire, pour tout dire, qu'elle puisse se juger face à une transcendance?

Institutions et transcendance

Transcendance? J'espère que le mot n'effraie ni n'indigne personne. Je ne vais pas évoquer aussitôt Dieu ou ses saints. Les réalités de ce monde ont leur consistance propre, et l'humanisme peut être partagé par ceux qui croient au ciel et ceux qui n'y croient pas. L'homme est plus grand que lui-même, il n'est à sa mesure qu'en se dépassant; on ne dira pas autrement pour les sociétés et les cultures. Il est vrai que, pendant longtemps, la présence de la transcendance a été signifiée au Québec par le catholicisme qui nous avait donné l'apparence d'une chrétienté. Ce règne est terminé. Le christianisme n'est pas mort pour autant en ce pays; je me permettrai d'y revenir plus loin. Il n'est plus la figure idéale de la Cité et de la culture, et c'est bienfaisant pour lui autant que pour la collectivité.

Par quoi a-t-il été remplacé?

Par le pluralisme? Il est heureux que la reconnaissance de la diversité ait succédé au monolithisme officiel. Au sortir de l'unanimité factice, il a fallu aller au plus pressé, plaider pour une liberté en quelque sorte négative; à cette liberté, nous aurons à donner peu à peu un contenu positif. Une société n'est pas un agrégat d'individus poursuivant chacun sa route selon ses intérêts; elle n'est pas non plus le champ clos où des factions combattent pour leurs privilèges respectifs sans autres règles que la force du nombre ou de l'argent. On prétend parfois prendre exemple sur la laïcité française pour promouvoir une culture aseptique où ne subsisteraient plus que des libertés formelles. C'est se méprendre. En France, la laïcité s'alimente à des valeurs communautaires, celles de la république. Elle fait appel, et de plus en plus, aux diverses familles spirituelles ; on le voit, entre autres signes, lorsque l'État les convoque à propos des grands problèmes éthiques contemporains. La nation ne pourrait-elle pas servir de substitut aux idéaux collectifs que représentait autrefois la religion dominante ? Dans un monde où se ramifient les grands pouvoirs économiques qui profitent de la circulation des capitaux et des moyens modernes de communication, il est plus nécessaire que jamais de sauvegarder des emplacements où la diversité des milieux humains et la fermeté de leur culture fassent contrepoids aux manœuvres technocratiques et aux pouvoirs anonymes. Mais les communautés nationales comportent aussi des risques : l'exaltation de la différence, le renfermement sur les vertus ethniques, la méfiance de l'étranger. Si la vigilance nationaliste est indispensable à un peuple de la dimension du nôtre, elle ne doit pas dériver vers une appréhension de tous nos problèmes à partir des intérêts de la nation. C'est pourquoi il importe, comme j'y insistais plus avant, que le projet de la souveraineté du Québec vise à l'édification d'une communauté politique et non d'un État-nation.

Justement, l'État ne serait-il pas l'incarnation du bien commun que nous cherchons à repérer ? Depuis la Révolution tranquille, il a pris au Québec une grande importance : conquête légitime, accentuée par les discussions autour de la question constitutionnelle. Le parlement, les mécanismes électoraux, les partis sont autant de médiations pour sortir l'individu de la vie privée, pour le faire participer aux orientations de la collectivité ; les mesures de partage des revenus, d'assistance, de santé, de scolarisation visent à substituer la solidarité à la jungle des inégalités. Néanmoins, l'emprise de l'État peut transformer les citoyens en des pièces de la mécanique sociale ; il nous suffit d'avoir à communiquer avec ses services pour éprouver le sentiment d'être ses serviteurs.

Ne serait-ce pas plutôt le règne du droit qui représenterait

finalement la transcendance des valeurs sur la vie sociale ?
Le droit incarne effectivement un ordre qui garantit sécurité
et légitimité. Cet ordre est doublement orienté : certaines
règles sont réifiées au point d'être quasiment confondues
avec la tonalité objective du monde qui nous entoure, choses
parmi les choses ; tandis que d'autres normes juridiques
anticipent sur un idéal qui n'a pas trouvé encore l'adhésion
spontanée des individus et des groupes. Dans l'ordinaire des
activités sociales, au Québec comme ailleurs, le droit
prolifère, au risque de se substituer peu à peu à l'éthique,
de se muer en une technique comme une autre, intelligible
et maniée par les seuls spécialistes, utilisée par les intérêts
les plus divers. Dans certaines contestations où le visage de
la justice n'est pas toujours visible, le vieil idéal de la société
de droit est menacé par le doute, sinon par la dérision.

En une première approximation, que conclure de ce bref
recensement des voies et images de la transcendance au sein
de la vie sociale ?

Pour que s'instaure un espace public où la liberté des
uns n'opprime pas celle des autres, où se reconnaisse la
promotion des personnes par rapport à un bien commun
dont tous puissent se réclamer sans se l'approprier, la
nation, l'État, le droit apportent leur contribution
respective. Mais chacune de ces composantes d'une société
vivante est à la fois ouverture sur la transcendance et
fermeture sur soi. Toutes les institutions publiques sont
ainsi à double versant. D'une part, ce sont des données,
des organismes avec leurs déterminations propres. On nous
les décrit souvent comme des réalités *naturelles* dont il est
impérieux de respecter les contraintes ; par exemple,
l'invocation des nécessités de l'économie est un argument
fort utile aux titulaires du pouvoir, car elle sert à dissimuler
l'arbitraire sous le déguisement de la nécessité. D'un autre
côté, les institutions publiques représentent la communauté
inachevée, toujours en chantier, lieu et moyen de la
concertation. Rien n'est assuré d'avance dans ce double jeu,
dans ce mouvement d'une transcendance qui n'est pas

au-dessus de la collectivité mais qui est présente dans sa substance même. Il en résulte un devoir : il faut veiller à ce qu'aucune institution ne ramène la transcendance à un ordre apparemment acquis. On prétend parfois que les grands objectifs, les suprêmes idéaux de nos sociétés entreverraient leur achèvement dans un aménagement convenable des institutions consacré par l'idéologie de la *société juste* ; on laisse entendre que, par des mesures appropriées, on parviendrait à une espèce d'équilibre des forces où prévaudrait l'équité. En réalité, les groupes sociaux sont dans de telles situations de domination ou de sujétion que la Cité doit ouvertement reposer sur la libre confrontation et la libre discussion avec, comme horizon, des valeurs patiemment élucidées et farouchement respectées. Par opposition aux fascismes durs et aux libéralismes mous, les deux faces d'une même déperdition de la liberté.

La présence de la transcendance dans la vie collective est donc fragile. Nos institutions démocratiques reposent sur la *croyance* ; il n'y a pas de pluralisme sans respect des personnes ; la nation appelle fidélité à un patrimoine ; pour exercer la contrainte, les pouvoirs politiques ont besoin de la légitimité ; le droit comporte tant de conventions et de rituels, parfois surannés, qu'il serait bouleversé jusque dans ses fondements si nous ne lui portions une confiance malgré tout inaltérable.

Ces temps-ci, la foi dans la communauté politique est particulièrement ébranlée. De tous les côtés, on s'inquiète de la perte de confiance de la population envers les politiciens. À voir leurs comportements et à entendre leurs discours, il semble que pas mal d'entre eux soient les seuls à ne pas s'en émouvoir. Les privilèges qu'ils s'octroient alors qu'ils imposent des contrôles minutieux aux citoyens les plus démunis, leurs collusions avec les riches et les puissants, leurs louvoiements qui confinent au mensonge, leur façon caricaturale d'user de la procédure parlementaire avec une inconscience qui frôle le cynisme : tout cela contribue au déclin de la croyance dans la démocratie. Certains se font des aspirations de leurs concitoyens une représentation si mesquine, si méprisante, qu'ils contribuent à l'érosion du magistère dont ils se réclament. Après avoir rôdé en vain autour de réformes constitutionnelles, des politiciens s'attaquent prétendument aujourd'hui à l'économie[1]. La Constitution est reléguée avec désinvolture au rang de hochet sans intérêt, bon pour les idéalistes; alors que, dans la tradition démocratique, elle a toujours symbolisé la grandeur du pacte qui lie ensemble de libres citoyens. En se refusant à croire que ses commettants songent à autre chose qu'à leurs stricts intérêts privés, le politicien se réserve le champ libre pour manipuler à sa guise les choses de l'État; à partir de ce postulat, il éprouvera de plus en plus de difficultés à faire accepter les sacrifices que requiert le partage équitable des ressources publiques.

En quelques décennies, une grande partie des Québécois ont abandonné la pratique religieuse, qui avait été longtemps

1. Ce que M. Jean Chrétien traduit à sa façon: «Ceux qui pensent que les Québécois, aussi bien au Lac-Saint-Jean ou à Montréal, se lèvent le matin en pensant à la Constitution, c'est pas vrai. Ils pensent à leur job, à leurs vacances, à leurs enfants, à la nouvelle télévision qu'ils ne peuvent pas s'offrir. Ce sont leurs vrais problèmes. La Constitution, on ne pense pas à ça en se brossant les dents le matin.» (*Le Devoir,* 17 décembre 1993.) L'éditorialiste d'un grand journal de Montréal écrit de son côté: «Ce que veulent les citoyens maintenant, ce ne sont pas d'abord des batailles politiques. Ils en ont même soupé d'être continuellement appelés aux urnes, aux divers paliers. Les gens veulent que les gouvernements leur procurent des emplois, un niveau de vie acceptable, une paix sociale permanente.» (*La Presse,* 26 février 1994.) Revient à l'esprit la prédiction de De Tocqueville à propos de l'État démocratique futur: «Il arrive que les citoyens se réjouissent, pourvu qu'ils ne songent qu'à se réjouir [...]. Il pourvoit à leur sécurité, prévoit et assure leurs besoins, facilite leurs plaisirs, conduit leurs principales affaires, dirige leur industrie, règle leurs successions, divise leurs héritages; que ne peut-il leur ôter entièrement le trouble de penser et la peine de vivre?» (*La Démocratie en Amérique* [1840], Paris, Garnier-Flammarion, 1981, II, 385.)

une obligation fondée sur une croyance d'autant plus ferme qu'elle concernait le salut éternel; les politiciens pensent-ils vraiment que la foi dans les pratiques politiques peut résister infiniment mieux au doute et à l'indifférence?

Persistance des idéologies

Les situations historiques auxquelles se heurtent les groupes et les collectivités sont nécessairement équivoques; des forces antagonistes s'affrontent, des intérêts divergents brouillent les issues. Doivent donc intervenir des discours qui introduisent de la cohérence dans les situations et suggèrent des orientations à prendre. Il n'y a pas d'intervention possible dans l'histoire sans interprétation de l'histoire; les idéologies sont indispensables. Modèles de l'action, les institutions orientent déjà vers des idéaux; les discours, les idéologies le proclament plus ouvertement, au point de survoler les conflits qui se déroulent plus au ras du sol, au risque de les dissimuler ou de les travestir. Tentative d'intelligibilité par le recours à l'expression, l'idéologie peut être une fuite dans le langage qui devient alors alibi plutôt qu'éclairage.

Périodiquement, au Québec comme ailleurs, on annonce la fin des idéologies. Cette prédiction est aussi un vœu. Elle peut s'entendre en deux sens différents. S'il s'agit de ces grandes idéologies à prétention totalitaire que l'on a appelées des *religions séculières*, souhaitons en effet leur disparition. Leur dogmatisme, leur prétention à enfermer l'avenir dans une figuration dominante mobilisent les fanatismes et, loin de hausser vers l'idéal, elles le nient en lui enlevant sa part d'incertitude. Mais, du moment où l'on sauvegarde leur pluralité, qui est la marque de la démocratie, les idéologies sont l'indispensable mise au jour des intérêts par la discussion ouverte. Prétendre les faire disparaître, c'est postuler qu'en s'analysant la société s'aliénerait dans le langage. C'est aussi invoquer en deçà du discours et de l'interprétation un réel hypothétique auquel il faudrait se conformer pour ne pas pécher par idéalisme; ce qui constitue une idéologie encore, plus pernicieuse que les autres parce qu'elle fait des intérêts de ses défenseurs un impératif de la fatalité.

On discerne dans les idéologies une dualité analogue à celle qui nous a retenus dans les institutions. Selon une première dimension, par leur fonction d'introduire de la cohérence dans les situations et ainsi de donner impulsion aux actions collectives, les idéologies se confondent quasiment avec le fonctionnement habituel des rouages sociaux. Elles contribuent à la formation des institutions : les instances politiques, l'école, les procédures judiciaires en appellent constamment au discours, non seulement dans leurs pratiques quotidiennes, mais pour prendre forme, pour justifier leur existence et leurs finalités. Incorporées au train ordinaire des institutions, les idéologies jouent un rôle inévitable de légitimation.

Il arrive qu'elles s'orientent autrement. Elles se détachent alors du cours ordinaire des choses pour définir des projets à plus ou moins long terme. À la limite, elles procèdent à un retournement radical : c'est le cas de la Cité harmonieuse de Thomas More ou de la société sans classes de Marx. La collectivité se voit dans le miroir inversé de l'utopie. Un alibi ? À la condition qu'on sache en jouer librement, qu'on ne la livre pas à la dictature d'une faction, l'utopie est un outil d'exploration des éventualités, éclairant des obstacles comme des possibilités, rappelant aux sociétés leur insurmontable finitude.

Ce va-et-vient ressemble à celui des institutions et l'accompagne. À certaines périodes, les institutions se ferment sur des croyances figées, et les valeurs qui les justifient s'imposent comme de pesantes contraintes. En d'autres conjonctures, les institutions cèdent sous les coups des contestations ; les normes se défont en laissant voir la vanité ou la vitalité des valeurs qu'elles enveloppaient. Les idéologies suivent de semblables parcours ; moyens de défense contre le changement ou préfigurations d'étapes à venir, rêves de compensation ou instruments d'innovation, alibis des intérêts ou procès des privilèges: toutes les espèces se rencontrent dans un drame de la transcendance aux cent actes divers. Le Québec nous en aura offert le spectacle depuis le dernier conflit mondial. Au cours de la Révolution tranquille, on s'est donné comme tâche de dénoncer la domination d'idéologies surannées, aptes tout au plus à masquer la réalité et à empêcher les changements nécessaires. Comment revenir au réel? Il ne suffisait pas d'opposer la lumière à l'épais nuage du discours traditionnel; ç'aurait été, au fond, opposer idéologie à idéologie. Le refus du système étant de règle, il fallait trouver un point d'appui, quelque terrain de la réalité sociale purgé de toute idéologie. Les gens du peuple devaient y pourvoir: «Car», écrivait M. Trudeau à l'orée de la Révolution tranquille, «les peuples ne sont pas doctrinaires, heureusement. Leur ire se déroule au niveau de l'immédiat; et la nécessité impérieuse du pain quotidien, de la satisfaction présente, leur impose de redécouvrir sans cesse par méthode empirique les voies du possible[2].» La misère comme préservatif de l'idéologie, comme gage d'objectivité? Première version de la mission du prolétariat formulée par un futur premier ministre libéral. Une deuxième version en sera proposée par le marxisme des années 1960, ennemi farouche de MM. Trudeau et compagnie. Les uns et les autres seront déconcertés quand ce même peuple votera massivement pour l'idéologie créditiste...

On a poursuivi la chasse aux idéologies par des voies diverses. L'objectif était partout de mettre les consciences à l'heure, d'ouvrir la voie à la modernisation: c'est-à-dire, en fait, à un éventail d'idéologies allant du libéralisme le plus classique à la gauche la plus extrême, en passant par des manifestes technocratiques. La prospérité aidant, le feu

2. Pierre Elliott Trudeau, «La Province de Québec au moment de la grève», dans P. E. Trudeau (sous la direction de), *La Grève de l'amiante,* Montréal, Éditions Cité libre, 1956, 88-89.

d'artifice idéologique a pu coexister, en la cautionnant parfois, avec la mise en place de nouveaux pouvoirs et de nouveaux groupes d'intérêts. Le balancier n'a pas fini d'aller et de venir. À l'heure où j'écris, la mode penche à nouveau du côté de la neutralité idéologique. Cette fois, ce n'est plus le *peuple* qui incarne le réalisme, mais les hommes d'affaires.

En tout cas, nous n'en sommes plus à nettoyer le ciel idéologique d'autrefois ni à espérer des lendemains qui chantent. Ce n'est pas le sentiment d'une urgence de nouvelles interprétations et de nouveaux projets qui fait défaut, mais la conviction qu'il nous est encore possible de nous détourner des chemins de la fatalité. C'est l'espérance qui se raréfie et le cynisme qui la remplace peu à peu. Certes, on ne fabrique pas des idéologies sur demande ; il n'y a plus de recettes pour en bricoler aux goûts du jour. Les idéologies dépendent de la vitalité des groupes qui s'efforcent de tirer l'esprit public du sommeil ou de l'à-quoi-bon. Mais il faut plus encore pour que demeure vivant l'esprit public : des activités qui ont ceci de singulier qu'elles débordent la sphère de l'utilitaire et, en définitive, qu'elles ne servent à rien.

Éloge de l'inutilité

Au long du présent livre, nous nous sommes constamment butés à cette inutilité... nécessaire. Aristote allait jusqu'à placer l'amitié au cœur de la vie politique. Si la nation, et on en dirait autant de la famille, est si difficile à définir, c'est parce qu'on ne peut l'enfermer dans des fonctions strictement délimitées. La culture scolaire ne remplit son rôle que si elle n'ambitionne pas exclusivement de refléter la vie courante ou de former des tâcherons. Nous ne défendons pas la langue française parce qu'elle serait plus commode que les autres mais parce que nous l'aimons, comme nous aimons la poésie... De sorte que l'art n'est pas, dans une société, une zone marginale où le jeu est permis ; si la société est aménagée comme une structure, elle est aussi une œuvre d'art. Elle ne subsisterait pas longtemps comme organisation si la gratuité et même le désordre venaient à y faire défaut.

Il y a donc quelque chose de scandaleux dans les plaidoyers insistants de certains politiciens pour nous faire oublier cette gratuité de la vie sociale, tout en élevant paradoxalement le réalisme économique au rang de la magie. Où donc les citoyens puiseront-ils l'enthousiasme qui fait justement travailler, innover, entreprendre sinon dans des passions qui ont leur source ailleurs que dans les diagrammes du Conseil du Trésor?

À ce point, et parlant de transcendance, il est difficile de ne pas aborder la place des Églises dans notre société. Des Églises, je dis bien, et plus largement des religions puisque la croyance est devenue plurielle. Néanmoins, étant donné la prééminence du catholicisme dans l'histoire de notre société et le fait qu'une large majorité s'en réclame, du moins officiellement dans les recensements, il n'est pas malséant de s'interroger d'abord sur son avenir.

Pour qui l'envisage à distance, l'Église du Québec semble être entrée, depuis une trentaine d'années, dans un irrémédiable déclin. Naguère triomphante et partout présente, elle voit un grand nombre de personnes cesser de fréquenter ses maisons, quitte à recourir épisodiquement à ses services. Beaucoup de gens pensent que, virulent hier, l'anticléricalisme a perdu tout intérêt. Croire, dit-on, relève désormais de la vie privée; sur la scène publique, d'autres causes appellent maintenant la contestation ou l'engagement. Est-ce si certain? Sans doute on admettra que, pour un chrétien, la question n'est pas aussi simple et que le préoccupe légitimement la contribution de l'Église aux transformations actuelles de notre société; je me suis abondamment exprimé là-dessus ailleurs. Mais, dira-t-on peut-être, cela concerne les fidèles, qui sont libres d'en discuter entre eux; maintenant que l'Église catholique est devenue une institution parmi d'autres, que nous vivons dans une société où les croyances sont l'affaire de chacun,

le consensus collectif dépend d'une éthique civique où
aucune référence religieuse ne doit entrer en ligne de
compte. L'Église a joué autrefois un rôle que l'on a qualifié
de *suppléance*; à la limite, on s'en explique, non sans le
regretter. Notre collectivité n'est-elle pas parvenue à
maturité? Désormais, nous sommes dans une démocratie où
aucune faction ne peut prétendre parler plus haut que les
autres. Fort bien. Je maintiens néanmoins que le problème
intéresse n'importe quel Québécois. Et pour une raison qui
n'a rien à faire avec les astuces de l'apologétique: pour
comprendre ce que nous avons fait de la culture et entrevoir
la place que le christianisme y tiendra peut-être dans
l'avenir.

Au cours du siècle dernier, l'Église a imprimé sa marque
sur notre société: de l'éducation à l'assistance, de la
colonisation à l'organisation professionnelle, elle a fourni un
squelette à une société impuissante à s'en donner un autre.
Plus encore, le catholicisme a été l'un des traits distinctifs,
le principal peut-être, de notre nationalité au point de se
confondre avec sa culture. Il n'est pas étonnant qu'avec la
Révolution tranquille l'Église se soit trouvée prise au piège
de l'histoire. Une tout autre organisation sociale s'est mise
progressivement en place; l'État a amplement remplacé
l'Église. L'organisation sociale étant modifiée, reste la
culture. Celle-ci est un héritage autrement plus complexe,
plus difficile à transformer. On ne change pas les consciences
comme on déplace les bureaucraties. Il se pourrait que, au
moment où elle semble disparaître, la culture que l'Église
nous a façonnée au cours des temps nous laisse dans un tel
état de dénuement et de désarroi, avec des cicatrices si
profondes, qu'il soit indispensable, depuis que le pouvoir
ecclésiastique s'est desserré, de voir les choses avec plus
d'acuité que dans les polémiques passionnées d'hier.

Les chrétiens ne sont sans doute pas les seuls à souhaiter
que l'Église reprenne racine dans notre sol, qu'elle soit
davantage qu'un simple écho du Vatican, qu'elle retrouve
une présence dans les enjeux de ce pays. Après une phase

bienfaisante de repli, il serait scandaleux que la communauté chrétienne accepte de vivre dans une situation de ghetto, dans une paisible coexistence avec les pouvoirs. Certes, on n'appelle pas au dépassement et à la transcendance en ne livrant en pâture aux médias que des querelles sur la contraception ou l'accession des femmes au sacerdoce; on y arriverait davantage en dégageant des valeurs et des tâches susceptibles d'interpeller les autres institutions, auxquelles manque souvent le souffle prophétique qui bouleverse les imageries conventionnelles de l'avenir. Le poète Malcolm Chagal le disait admirablement: «Il n'est de véritable religion que celle qui pousse de l'avant, car Dieu n'est pas immobile.»

Est-ce seulement à l'Église de se définir une nouvelle présence à la collectivité? Cette dernière ne doit-elle pas aussi se faire de la laïcité une image un peu moins abstraite que celle qu'on entretient en divers quartiers? Au cours d'une entrevue récente, Paul Ricœur le disait pour la France, et cela vaut pour le Québec à l'étape historique où nous en sommes: «La société a besoin que soient présents, sous la forme d'une sorte de tuilage, ses différents héritages spirituels et culturels; ce sont eux qui motivent le civisme... Les membres des communautés religieuses devraient être responsables de pratiquer de bonne foi cette information, mais devraient attendre la réciproque de la part de ceux qui font de la laïcité une conviction forte, et qui refusent le droit de l'héritage juif et chrétien d'entrer en composition avec elle dans le soutien de la morale du civisme[3].» Dans cette perspective, le débat actuel sur l'école laïque prend toute sa signification. Qu'il faille abolir le caractère officiellement confessionnel des établissements, c'est entendu; la liberté de conscience devrait être une valeur sacrée pour les croyants aussi bien que pour les autres. L'enseignement confessionnel relève de la responsabilité des Églises et des

---

3. Voir *Le Monde des livres*, 10 juin 1994. On peut imaginer un enseignement qui viserait une *culture religieuse commune*. L'expression est de Julien Harvey, qui suggère des objectifs: une

autres groupements religieux puisqu'on ne saurait dissocier la foi du témoignage; par contre, il n'y a pas de motif, il me semble, pour écarter cet enseignement des horaires scolaires, à condition qu'il ne soit imposé à personne. Cela étant dit, les plaidoyers pour l'école laïque ne peuvent nous dissimuler l'ampleur des problèmes qui vont bientôt surgir. Partons d'une hypothèse: un jour prochain, nous aurions purgé l'école québécoise de toute influence religieuse; la *neutralité* régnerait-elle pour autant sans partage? La religion n'est pas seule à reposer sur des valeurs qui ne rallient pas l'unanimité; il n'en va pas autrement pour la littérature, la philosophie, la science elle-même. Comment faire pour introduire partout la neutralité la plus parfaite sans transformer l'école en un milieu aseptique et irrespirable, sans en éliminer toute intention d'éducation, sans déguiser les enseignants en machines distributrices? N'arriverait-on pas, en définitive, à abolir les consciences sous prétexte de les respecter? L'hypothèse n'est pas aussi farfelue qu'il le paraît. Dans les tentatives récentes de comités plus ou moins officiels pour définir les objectifs d'une école en déroute, il est remarquable qu'on évite de se prononcer sur des contenus. On parle d'«apprendre à apprendre», sans oser mentionner ce qu'il serait pertinent d'apprendre (ne serait-ce que la langue française); on traite de «compétences» plutôt que de «connaissances»; on énumère des «capacités» d'«énoncer», de «structurer», de «critiquer», en contournant soigneusement les objets auxquels pourraient s'appliquer ces exercices. Ce déplacement des *valeurs* vers

réflexion sur le sens de la vie, y compris les raisons de croire ou de ne pas croire; une connaissance du patrimoine religieux indispensable pour comprendre l'environnement culturel qui est le nôtre; l'initiation aux grandes traditions religieuses. D'après Harvey, la culture religieuse commune ferait normalement partie de la mission essentielle de l'école, devrait émarger aux fonds publics, ne ferait l'objet d'aucune exception, ne serait rattachée à aucune Église. (Julien Harvey, «Une laïcité scolaire pour le Québec», *Relations*, septembre 1992, 216-217.)

les *opérations* est symptomatique d'un cheminement où, sous prétexte de sauvegarder le pluralisme des convictions, on transforme l'éducation en technologie des esprits. Et cela, en concordance avec des idéologies que nous avons déjà rencontrées à maintes reprises : la primauté de l'économie sur le politique, de la gestion sur le développement. Ce qu'on énonce pour l'école, parce que la crise est plus visible là qu'ailleurs, est révélateur d'un problème autrement étendu et qui concerne notre société tout entière : au sortir d'un climat officiellement religieux, libérés que nous sommes de ses contraintes, est-ce le vide qui sera désormais au foyer de notre culture ou parviendrons-nous à instaurer un dialogue de valeurs pluralistes ? De toutes les questions que j'ai disséminées dans ce livre, voilà à mon avis celle qui commande toutes les autres.

La souveraineté de l'éthique

Lorsqu'on quitte le terrain relativement éclairé des institutions et des idéologies, la présence de la transcendance dans une société fait appel à la sensibilité collective, à des valeurs plus difficiles à jauger. Un certain nombre de signes n'en sont pas moins révélateurs. Plutôt que le recours à la violence, bruyante ou larvée, la civilité est-elle la marque des rapports entre les personnes ? Est-on fier d'appartenir à une société de droit ? Tient-on à contribuer à la définition des objectifs sociaux ? Pour qu'un rassemblement humain soit aussi une communauté de destin, les individus doivent transgresser les déterminations qui leur viennent des milieux divers où les situent les hasards de la naissance ou des aptitudes : « On peut faire groupe sans être société ; on peut prendre place dans une nation sans s'y reconnaître ; la simple somme des êtres ne fait pas la communauté nationale. Il faut une reconnaissance mutuelle pour advenir au statut d'individu, de personne, de citoyen[4]. » N'est-ce pas en cela

---

4.   Luc Pareydt, « Une crise de la transmission », *Projet,* printemps 1993, 46.

que consiste cet *esprit public* dont il est souvent question ici et là ?

La qualité de la citoyenneté est la première requête d'une société éthique. Une seconde y est étroitement apparentée : l'exercice de la solidarité. Celui-ci est au cœur aussi bien des programmes sociaux que des activités communautaires. Comment les citoyens consentiraient-ils aux politiques de redistribution des privilèges sans adopter ce postulat ? À la base des politiques progressistes, ce postulat n'est pas acquis une fois pour toutes. L'extension des programmes sociaux s'est produite pendant des années de prospérité ; ce qui semblait entendu va faire l'objet de repentirs. Ce n'est pas d'aujourd'hui que se lèvent des censeurs qui reprochent à l'État de gaspiller des fonds publics en faveur de paresseux et d'embusqués. D'accord sur le maintien des mesures essentielles, d'autres se retranchent pour le reste dans la bonne conscience ; peu importe si un nombre de plus en plus considérable d'assistés sociaux ou de chômeurs de longue durée sont parqués en marge de la Cité dans la foule obscure des exclus.

La solidarité pousse à la générosité ; elle donne aussi de l'acuité pour percevoir les besoins et la misère. Malgré l'avènement de l'État-providence, on peut se demander si cette faculté de perception ne s'est pas émoussée. La crise des années 1930 a été terrible ; tout le monde en était affecté, l'avocat comme l'ouvrier. Aujourd'hui, alors que dure une récession qui réduit au chômage et à la pauvreté un grand nombre d'individus, une fraction importante de la collectivité échappe à ces malheurs, protégée par le corporatisme ou rémunérée automatiquement par des services publics. Or ce sont justement ces privilégiés qui détiennent la parole ; ce sont eux les interprètes de nos sociétés. Pour que les silences pudiques soient rompus, pour que l'impératif de la solidarité demeure, il ne suffit pas de rappeler les principes du partage et de l'équité ou de parler de la pauvreté comme d'une carence au visage plus ou moins abstrait. Le pauvre doit être le remords vivant de nos velléités démocratiques satisfaites à bon compte. Le pauvre, c'est le non-citoyen : «C'est l'*insignifiant* qui n'a pas de pouvoir économique, qui fait partie d'une race méprisée, culturellement marginalisée. Le pauvre est toujours présent à des statistiques, mais il n'a pas de nom[5].» Dans la présence de l'*in-signifiant* est stigmatisée l'absence du sens dans nos sociétés ; paradoxalement, la transcendance est proclamée de la manière la plus vive par la misère. Peut-il y avoir des *raisons communes* sans que se répande l'obsession de la justice ?

---

5.   Gustavo Gutierrez, conférence prononcée à l'occasion du 25e anniversaire de l'implantation de la faculté de théologie sur le campus de l'Université de Montréal. Dans *Théologiques*, 1, 2, 1993, 127-128.

XI

L'INTELLECTUEL ET
LE CITOYEN

Des raisons communes aux individus qui font de la culture leur préoccupation première, la transition n'est-elle pas obligée? Abordant la condition de l'intellectuel, je ne songe pas pour autant à soumettre à un magistère les questions que j'ai traitées jusqu'ici. Je n'envisage pas davantage une domestication plus ou moins astucieuse de l'artiste ou du savant. La science et l'art ne doivent pas être mobilisés au service exclusif de l'esprit public; il n'en demeure pas moins que quiconque a choisi un métier de l'expression a des devoirs envers la démocratie et la culture puisqu'il en a envers la liberté.

Qu'est-ce qu'un intellectuel? Ce n'est pas simplement un écrivain, un artiste ou un savant; à ces dénominations, il n'est pas utile d'en ajouter une autre. Un intellectuel possède une compétence en l'une de ces activités: il est physicien ou peintre, poète ou sociologue, philosophe ou romancier. Mais il s'y joint quelque surplus, bien difficile à désigner. Au temps de l'affaire Dreyfus, où un manifeste a consacré la chose sans l'éclairer, on s'étonnait déjà: de quel droit, selon quelle légitimité, un rassemblement de linguistes, de romanciers, de biologistes, d'autres spécialistes pouvait-il se prononcer d'autorité dans une querelle politique où aucune de ces compétences n'avait d'évidente pertinence? On avancera qu'une habitude dans l'exercice de la critique et de la méthode est, de quelque manière, transposable dans l'examen des problèmes de la Cité. Est-il certain que, d'un domaine à l'autre, on ne passe pas à des logiques et à des valeurs différentes? De sorte que la transposition serait, en définitive, une mystification? Bref, en plus de cultiver un art ou un savoir particulier, de quel droit l'intellectuel prétend-il à une participation originale aux débats collectifs?

Les affaires publiques vont leur train ordinaire; les politiciens s'agitent autour de thèmes plus ou moins renouvelés; les chefs syndicaux et les porte-parole du monde des affaires se prononcent sur les grands ou petits problèmes de l'actualité; les présidents d'innombrables rassemblements prétendent refléter les opinions et les intérêts les plus divers... Dans ce concert dont le bruit s'amplifie, comment discerner la légitimité des protagonistes? Des partitions aussi nombreuses et aussi contradictoires ne finissent-elles pas par s'annuler dans une hécatombe de la parole? Dès lors, on comprend que beaucoup d'intellectuels soient rentrés sous leurs tentes pour poursuivre leurs travaux dans le silence. Avant de s'abandonner tout à fait à cette tentation, il est utile de mesurer ce qui a changé dans le statut de l'intellectuel. Mon hypothèse est que le déplacement a été tel que ce statut est mis en question. Nous assistons à une transformation de l'espace du savoir en même temps qu'à une transformation de l'espace social. De sorte que s'interroger aujourd'hui sur les responsabilités de l'intellectuel, et par conséquent sur ce qui peut encore justifier son existence, c'est examiner aussi bien celles qui concernent la Cité du savoir où il œuvre que celles qui touchent à la Cité politique où il a qualité de citoyen.

Métamorphose d'un statut

Pour mesurer ce déplacement, remontant encore une fois à l'aube de la Révolution tranquille, je suggère de distinguer trois étapes dans le destin des intellectuels: l'ère des *Lumières,* celle des grandes idéologies, celle où nous sommes parvenus et dont la signification est problématique. Il n'est pas impossible que ces phases que le Québec a parcourues en raccourci se reconnaissent, sur une plus longue période, dans tous les pays d'Occident. Reportons-nous à la veille des années 1960. *Cité libre* ou les célèbres colloques annuels de l'Institut canadien des affaires publiques (ICAP) nous serviront de repères. Les intellectuels ont joué alors un rôle incontestable, renforcé par l'influence de la radio bientôt suivie par la télévision. Au nom de la démocratie et de la laïcité, ils s'attaquaient au régime de Duplessis et au cléricalisme ; en fait, et sans qu'ils en eussent toujours conscience, ils s'insurgeaient contre un ordre social en place depuis un siècle. À relire leurs propos, on s'étonne de la minceur des idées : ils défendaient le syndicalisme mais leur procès du capitalisme était superficiel ; ils proclamaient la fin de la chrétienté sans trop soupeser les valeurs chrétiennes ; ils plaidaient pour la restauration de l'État sans éclairer beaucoup les orientations que devait prendre la politique... Mais le procès de leur entreprise que nous serions tentés de mener rétrospectivement porterait à faux. Il importait moins alors de tracer un nouveau programme de société que de contester celui qui exerçait son empire. Il fallait briser des entraves pour que l'opinion publique redevienne possible. Ce que nous pourrions prendre pour des *idées générales* était, en fait, la mise en liberté des idées. C'est pourquoi je parle, par analogie, de l'avènement des *Lumières*.

Puis est venue une seconde étape, celle des grandes idéologies. Comme si, après avoir fait le vide, on s'était hâté de le combler. Je comprends ainsi l'avènement du marxisme, qui a rallié bien des intellectuels jusqu'aux années 1980. Cette fois, on liquidait les idées vagues sur la démocratie et la laïcité au profit d'une vision du monde. On passait à l'artillerie des pensées lourdes de contenu et de style, aux longues exégèses et aux orthodoxies exigeantes. Le savoir limité de l'intellectuel s'adossait à un système global. Son labeur s'en trouvait singulièrement haussé ;

convaincu de n'être pas un gratte-papier à l'écart des forces de l'histoire, il investissait ses modestes travaux dans les grandes mouvances de la praxis. Même cloîtré dans son bureau, il était sûr de collaborer avec le prolétariat. L'adhésion au néonationalisme ne comportait pas des avantages aussi étendus; elle n'était pourtant pas sans parenté avec le recours au marxisme. Pendant quelques années, l'indépendance a pris les allures d'une grandiose idéologie, d'un *projet de société,* comme on disait à l'époque. En y adhérant, l'intellectuel avait le sentiment que ses spéculations, ses romans ou ses poèmes composaient une sorte de Sainte Écriture de la nation. L'inversion par rapport au passé était parfaite : alors que des écrivains d'autrefois, Groulx par exemple, se donnaient comme les gardiens de la tradition dont ils se croyaient les commentateurs autorisés, beaucoup d'intellectuels de ces années-là se présentaient comme les prophètes des temps nouveaux.

Ainsi, depuis 1960, se sont succédé deux figures très différentes de l'intellectuel. Elles avaient néanmoins quelque chose en commun. Des gens qui pratiquaient des métiers divers s'imaginaient posséder une garantie qui leur permettait de s'identifier en tant qu'intellectuels : la liberté démocratique ou une vision de l'histoire, avec la conviction de participer à une exaltante aventure collective. Voilà que cette assurance s'est dissipée. Les belles idées générales ont été rangées dans l'armoire aux accessoires ou sont devenues le langage courant des politiciens. Il est mal porté d'être marxiste depuis qu'on a vu à quelles aberrations conduisent les systèmes lorsqu'ils passent de la parole aux actes ; quant à l'indépendance, reprenant sa place parmi les tâches encore inaccomplies, sa réalisation dépend maintenant bien plus des stratégies habituelles aux partis que des envolées du discours national. Après la phase des *Lumières,* après celle des grandes idéologies, nous entrons dans une ère nouvelle.

Comment la caractériser ? Ceux que l'on pourrait aujourd'hui qualifier d'intellectuels sont innombrables. Je

me refuse à coiffer tout ce monde d'une étiquette identique.
De cette foule aux multiples couleurs, et si l'on se limite surtout aux praticiens des sciences humaines, une figure dominante semble cependant se dégager: l'*expert* apporte de nouveaux paramètres aux débats collectifs.

À mesure que l'État s'est modernisé, ainsi qu'on le souhaitait au milieu de ce siècle, la politique a échappé au profane. On n'invoque plus de grandes entités comme le capitalisme ou le socialisme sans avoir l'impression d'utiliser la fausse monnaie de la rhétorique. On n'ose plus traiter de l'un des problèmes discutés naguère dans *Cité libre* sans le décomposer maintenant de telle manière qu'il se prête à l'analyse technique. On ne se prononce pas sur une question économique, sur un aspect des services publics, sur les arcanes de la justice ou les causes de la pauvreté sans faire appel à la compétence de quelqu'un qui en a fait un secteur protégé de la recherche. En matière d'éducation, il ne suffit pas d'être du métier pour se croire habilité à proposer des diagnostics ou des réformes. Même l'éthique a été découpée en domaines étanches. En refusant de s'insérer dans cette division du travail, on craint de se condamner au discours superficiel.

À l'exemple de l'intellectuel d'hier, l'expert n'a pas cessé de s'occuper des problèmes de sa société: justice, santé, éducation, croissance économique, orientations de l'État et mouvements sociaux... Mais son autorité lui vient de sa précaution à s'en tenir à l'ordre des moyens; il abandonne d'ordinaire l'élection des valeurs et la position des fins à l'arbitraire des pouvoirs. Sa neutralité, réelle ou fictive, est la source de sa crédibilité.

La Cité savante et la Cité politique

C'est que la Cité savante et la Cité politique ont bien changé. Et selon un mouvement concurrent.

Alors que s'est accru prodigieusement le savoir contemporain, on est revenu sur ses démarches pour en examiner les fondements. En se faisant réflexif, le savoir ne se borne pas à la prospection des objets; il devient extrêmement conscient de sa logique. Au moment où s'affermit cette critique interne, la science se transforme; elle se mue en une véritable industrie de la connaissance. L'institutionnalisation, c'est-à-dire la gestion généralisée, recoud les pièces dispersées du savoir. Les domaines et les artisans se sont diversifiés; une division du travail et une hiérarchie des pouvoirs se sont développées. Le savant a fait place au chercheur. Les marges sont ténues entre la quête individuelle de la connaissance et les tâtonnements des équipes, entre l'orientation de la recherche et son administration. L'argent a parfois autant d'importance que la matière grise, l'art de s'attirer des alliances autant que les idées. Il y a un marché de la connaissance où sévit une vive concurrence. Ce qui tient ensemble l'immense univers du savoir relève de bien d'autres facteurs que du traditionnel discours de la méthode.

Dans cet univers, chaque scientifique occupe une cellule où il est apte à juger de l'état d'un territoire relativement restreint, à démêler les hypothèses des résultats, à distinguer les conflits d'écoles des querelles de factions. Pour le reste, il fait confiance à ceux qui travaillent dans d'autres secteurs. De sorte que, dans le monde des savants comme dans la population qui en est exclue, une *croyance* confère à la Cité du savoir sa relative unité. Cette croyance se nourrit d'une culture aux vagues contours. Je crois y déceler une espèce de positivisme primaire où les idées de *facticité,* de *vérification,* de *preuve,* de *certitude* renvoient à des démarches imaginaires plutôt qu'effectives, où des critères assez grossiers départagent les phénomènes observables des mythes sans consistance. Les concepts y circulent plus par la vertu des analogies que par leur finesse instrumentale. Il n'est pas surprenant que ce langage, qui semble emprunté à la science, dérive hors de ses frontières dans des sectes scientifico-religieuses aux clientèles florissantes.

La synthèse de ce savoir multiforme s'opère d'une autre manière: par les pouvoirs qui le mettent à leur service. Ce qui s'accorde mal en théorie se réconcilie dans la pratique. Ici, les intuitions marxistes sur la connaissance en tant que production demeurent suggestives. La modernité a procédé à une déconstruction progressive de la culture, des coutumes, des genres de vie. De la rationalisation du travail aux médias, en passant par les psychothérapies et les méthodes de gestion, les techniques sociales s'insinuent dans le vide ainsi créé; elles produisent de la culture. Les savoirs sont les indispensables instruments de cette production; ils la fournissent en outillage, mais aussi en valeurs, sous le couvert de la neutralité. Les techniques sociales s'agglomèrent; celles de l'information font actuellement un bond prodigieux. La cohésion de la connaissance s'effectue de moins en moins par *en haut,* dans une sphère de la théorie où se rencontreraient toutes ses avenues, mais de plus en plus par *en bas,* à partir des exigences des pratiques sociales.

On s'aperçoit, du même coup, que les frontières sont devenues fluentes entre la Cité du savoir et la Cité politique. Il y a même homologie certaine entre l'une et l'autre.

En Occident, ce n'est pas d'hier que la Cité politique est l'objet d'un examen radical qui fait songer à celui que l'épistémologie applique à la science. Depuis Machiavel jusqu'aux philosophies contemporaines du droit, en passant par les théories du contrat social et les théories de l'intérêt chères aux économistes classiques, on s'efforce de sonder les fondements des collectivités, de repérer les voies d'une réflexivité du social sur lui-même. Mais, et toujours par analogie avec ce qui se passe pour la Cité savante, la Cité politique se structure autrement. La vie collective est de plus en plus organisée. Le gouvernement des choses que Saint-Simon et ses disciples espéraient substituer au gouvernement des hommes s'est effectivement établi; plutôt que de libérer les personnes, il les a transformées en entités abstraites. Dénoncée de toutes les manières, la technocratie ne constitue pas pour autant la substance de la société, pas plus que le positivisme ne se confond avec l'essence du savoir. La technocratie est elle aussi une idéologie de soutien, qui rallie la bureaucratie à l'œuvre dans l'institutionnalisation. Comme dans la croyance scientifique, on y relève des pseudo-concepts: la *rationalité, l'efficacité,* la *programmation, l'opérationnalisation...* Auxquels s'ajoutent des règles, des procédures, une culture, jamais très bien éclairées puisque l'idéal technocratique leur sert de couverture.

À mesure que s'étendent organisation et gestion, se dissolvent les réseaux d'appartenance. On déplore le déclin de la participation politique. Il faut lui joindre des facteurs d'exclusion qui se multiplient et dont il a été question dans le présent livre. Ne nous étonnons pas de l'édification, en parallèle, d'une *société du spectacle* qui donne aux individus la sensation d'être présents à la société à condition de les exiler de l'action efficace. L'expansion des médias n'est pas due seulement au progrès des technologies de la communication; elle est consécutive à la défection de la participation et aux diverses formes de l'exclusion qui ont créé un vide favorable au remplacement de la Cité politique par la théâtralisation de la vie commune. On retrouve alors l'intellectuel dans un nouveau rôle: celui de metteur en scène du spectacle social où il rejoint le chômeur et l'assisté social qui, ayant perdu le droit de travailler, disposent en compensation de la permission de voir.

Le souci des deux Cités

Sous l'effet de l'organisation qui colonise la Cité du savoir et la Cité politique émergent l'expert et le bureaucrate. Ils se ressemblent au point d'être interchangeables. De part et d'autre, l'organisation sécrète une croyance qui est sa confirmation symbolique aussi bien que son sous-produit. Positivisme primaire d'un côté, idéologie technocratique de l'autre: les thématiques se recoupent dans une même logique, qui est aussi une même légitimation. L'organisation ne peut prédominer sans que se défassent les modes de participation à la Cité, sans que se répandent diverses variétés de l'exclusion. Or, l'expert et le bureaucrate ne se définissent-ils pas par la maîtrise d'un savoir qui n'a de valeur que parce qu'il est exclusif de tous les autres ? Enfin, en donnant congé à la participation active, la Cité politique la déporte dans une sphère du spectacle où surgit un nouveau type d'intellectuel : celui qui substitue à l'action politique les jeux en miroir de la représentation. Pour envisager l'avenir, il ne suffit donc pas d'ajouter quelques objectifs inédits à ceux que poursuit déjà l'intellectuel. Nous sommes invités à une redécouverte de l'idéal de la Cité, à une tâche de critique et de prospective.

L'intellectuel ne se distingue pas de l'expert ni du gestionnaire parce qu'il répugnerait à la spécialisation. L'une des conditions incontestables de sa légitimité à intervenir dans les débats publics est de pratiquer un métier particulier dans l'univers du savoir ; ce qui est en cause, c'est le passage de cette compétence, avec ses critères spécifiques, à des interventions qui se réclament d'une autre caution. Ce passage dépend d'une médiation de caractère éthique, d'un ensemble de convictions : que la vérité n'est pas réductible à la vérification et qu'elle se profile sur un horizon de valeurs ; que les problèmes font appel à l'engagement autant qu'à l'analyse ; que pour en juger la communauté humaine est convoquée, et pas seulement les initiés. Pour tout dire, par-delà l'expertise et la gestion, l'authenticité de la Cité politique est le souci de l'intellectuel. Car la Cité est à la fois une réalité et un idéal ; elle a nécessairement des couleurs utopiques. Elle est l'instauration, toujours compromise, d'une communauté de destins parmi les aléas de l'histoire et les contradictions des factions.

J'y suis revenu plusieurs fois et sous des angles divers : la Cité n'est jamais acquise seulement par la vertu des coutumes et des lois. Il ne suffit pas de l'administrer convenablement, comme le voudrait un certain dirigisme, ou de laisser jouer les intérêts des individus, comme le préférerait l'économisme libéral. La Cité ne s'identifie même pas avec l'État; gestionnaire aux responsabilités de plus en plus nombreuses, l'État n'échappe à la réduction bureaucratique qu'en faisant face à une communauté politique plus large, et dont la vitalité, pour lui devoir beaucoup, n'est pas sous son unique dépendance. Enfin, on n'atteint pas non plus l'assise de la Cité par un repli sur la société civile. À la suite de Hannah Arendt, Claude Lefort le souligne: «Il n'y a politique que là où se manifeste une différence entre un espace où les hommes se reconnaissent les uns et les autres comme citoyens, se situant ensemble dans les horizons d'un *monde commun,* et la vie sociale proprement dite où ils font seulement l'épreuve de leur dépendance réciproque, cela sous l'effet de la division du travail et de la nécessité de satisfaire à leurs besoins[1].» Quand ce *monde commun* fait défection, il est absorbé par l'État ou il est dissous dans l'infini foisonnement de la vie collective. On conçoit mieux la fragilité de cet espace civique quand on considère les menaces qui pèsent sur l'opinion publique: les corporatismes qui ont les moyens de la manipuler et les factions qui prétendent l'interpréter; la cacophonie des propagandes et des publicités qui trafiquent les symboliques collectives; les messages des médias qui s'annulent à force de s'accumuler...

La Cité politique est donc moins une entité acquise, comme l'appareil étatique, qu'une fondation sans cesse à reprendre à partir d'un legs d'humanité et en vue d'idéaux collectifs à poursuivre. Car l'histoire n'a pas de sens par elle-même depuis que nous ne croyons plus aux philosophies du progrès ni aux grandes théories de l'évolution qui devaient conduire à l'avènement de la société idéale, à la condition de contraindre les individus à s'y conformer. S'il y a une intelligibilité de l'histoire, c'est parce qu'elle est instituée. Il y faut la mémoire d'un héritage. Il y faut aussi l'utopie, un accueil au changement qui suppose que la société est un projet. Au long du présent

---

1.   Claude Lefort, *Essais sur le politique. XIXᵉ-XXᵉ siècles,* Paris, Seuil, 1986, 64.

ouvrage, j'ai tenté de circonscrire sommairement les
contours de cette utopie, qui nous a renvoyés à l'élaboration
d'un consensus qui est du ressort de l'éthique collective.
Mémoire, utopie, éthique : telle est donc la justification
de la Cité politique. Travailler à son élucidation, n'est-ce
pas ce qui relève de l'intellectuel ? Ce qui, sous des figures
changeantes comme celles que j'ai évoquées et par-delà les
frontières des savoirs spécialisés, imposerait la permanence
d'une responsabilité ?
    Et d'une identité ? Pour l'expert et le bureaucrate, la
question de l'identité ne se pose pas. Leur identité est censée
coïncider avec leurs procédures ; la méthode ou l'économie
des moyens sont les seules justifications que l'on puisse
exiger de leur part. Sans doute est-ce là une feinte. En tout
cas, elle est interdite à l'intellectuel puisqu'à l'exemple du
citoyen actif il prétend veiller à la sauvegarde des valeurs
qui soutiennent la Cité politique. Mais cette vigilance n'est
légitime qu'en se portant aussi sur son emplacement, sur les
fondements de la Cité savante. Là aussi, il est urgent de
restaurer un *espace commun* semblable à celui qu'on a
postulé pour la Cité politique. Sans forcer l'analogie, il est
pertinent de parler, à propos de la Cité savante aussi, de
mémoire, d'utopie, de collectivité éthique.
    La signification du recours à l'histoire des sciences
humaines est bien différente du sens que revêt la pratique
de l'histoire des sciences physiques. « Une science parvenue
à maturité, écrit Michel Serres, est une science qui a
entièrement consommé la coupure entre son état archaïque
et son état actuel[2]. » Manifestement, on ne constate rien de
tel pour les sciences humaines. Qu'il s'agisse de la

2. « L'histoire des sciences ainsi nommée pourrait alors se réduire à
    l'exploration de l'intervalle qui les sépare de ce point précis de
    rupture de récurrence, pour ce qui concerne l'explication génétique.
    Ce point est facilement assignable dès le moment où le langage
    utilisé dans cet intervalle rend incompréhensibles les tentatives
    antérieures. » (Cité par Georges Canguilhem, *Études d'histoire et de
    philosophie des sciences,* Paris, Vrin, 3e édition, 1975, 186.)

sociologie ou de la psychologie, a fortiori de l'historio-graphie, aucune *coupure épistémologique* n'est discernable dans leur passé ancien ou récent qui permette de désigner un acte quelconque de fondation. Ces savoirs ont émergé des discours que les sociétés projettent sur elles-mêmes comme l'attestation de leur historicité. Se retournant sur le devenir de ces disciplines, on y reconstitue l'établissement d'une thématique plutôt que les lignes directrices d'une théorisation définitivement autonome. La relecture du passé de ce savoir est la reprise d'une interrogation immanente à la modernité, en même temps qu'elle est mémoire de la genèse de la cité savante à partir de la culture. Par-delà la multiplicité des théories, c'est là que se trouve le lieu de rassemblement des *citoyens* de la Cité savante. Il importe donc de construire et d'entretenir cette *mémoire* à une époque d'hyperspécialisation et d'industrialisation du travail scientifique.

Au même niveau s'élabore l'*utopie* comme un autre élément de justification pour la communauté. Là encore, la pluralité des théories renvoie à un vecteur plus profond de la recherche. Chacune repose sur un jugement, opératoire si l'on veut, quant à la nature du phénomène humain en cause ; à tout coup, un débat de culture est inauguré, oublié ensuite par la mise en marche d'une méthode. Le procédé est plus net lorsque nos disciplines passent à l'application ; elles deviennent alors génératrices de projets humains. Une culture est ainsi continuellement en gestation dans le travail des sciences humaines ; ne lui faut-il pas un horizon en complément de la mémoire de la communauté savante ?

Comme pour l'utopie de la Cité politique, il est possible de cerner le foyer de cette utopie. À mon sens, elle se centrerait sur l'immense travail pédagogique qui, dans nos sociétés, œuvre au rassemblement et à la critique de la culture. La modernité a démoli un grand nombre des mécanismes sociaux qui transmettaient un héritage de savoirs et de valeurs. D'une certaine façon, les pédagogies prennent la suite. C'est pourquoi le partage du savoir, dont j'ai dit l'urgence, devrait être l'utopie qui alimente la justification de la Cité savante. On voit à quel point, ici encore, mémoire et utopie impliquent une éthique. Psychologie, sociologie, droit, ethnologie, histoire... : toutes nos disciplines participent plus ou moins ouvertement à la critique des normes de l'existence individuelle et de la vie sociale. La déontologie est une bien pauvre façon d'en rendre compte. On l'a bien compris pour la médecine qui, depuis quelques décennies, se prête à un déploiement extraordinaire de la réflexion éthique. Il faudrait l'étendre à l'échelle de la Cité savante. Pour celle-ci comme pour la Cité politique, là où les traditions font défection, l'éthique doit advenir.

D'hier à aujourd'hui

En voulant cerner la situation de l'intellectuel québécois d'à présent, ne me suis-je pas trouvé à délimiter un champ de travail et d'engagement qui n'a rien, au fond, de spécifiquement québécois? C'est vrai, en un sens. Par ce chemin aussi, admettons que notre collectivité a rejoint les autres et que nos problèmes, en ce qu'ils ont d'essentiel, sont ceux de l'Occident tout entier. Alors, pourquoi se reconnaître malgré tout dans la tradition intellectuelle d'un pays déterminé?

Pour répondre à cette question, je ne cherche pas, pour ma part, de filiation abstraite qui permettrait de tisser une continuité artificielle entre nous et les intellectuels québécois d'autrefois. Je reconnais sans honte ma dette envers plusieurs d'entre eux. Il m'arrive plus particulièrement d'évoquer des aînés qui ont vécu les ruptures contemporaines au point d'illustrer l'allure d'un destin qui est toujours le nôtre; je m'arrêterai à une figure particulièrement exemplaire, celle d'André Laurendeau.

Laurendeau connaissait les pensées étrangères; il est sorti très tôt de l'indigénisme. Comme plusieurs avant lui et comme beaucoup d'entre nous, il a étudié en dehors du Québec; il y a recueilli défis et influences. Il a eu des maîtres qui n'étaient pas du pays (Mounier, par exemple); il en a eu d'autres qui en étaient (Groulx, en particulier). Il n'a éprouvé aucun besoin de les opposer ou de les confondre; il était assez fort pour les vénérer sans s'asservir. Il a souffert de nos insuffisances et de nos étroitesses; il n'a pas cru que d'autres peuples, plus nombreux ou plus riches que le nôtre, en étaient exempts. Il aura vécu et exprimé une période cruciale de transition dans l'histoire de notre milieu. Le nationalisme d'antan agonisait. Duplessis et bien d'autres l'avaient caricaturé. La science et la technique semblaient condamner à jamais les traditionnelles raisons de vivre qui soudain, à plusieurs d'entre nous, paraissaient dérisoires. Le nationalisme de Laurendeau nous aura appris à composer les vieux appels et ceux de l'avenir. Face à ceux qui prêchent le néant de toutes les idéologies en évoquant un homme universel et abstrait qui ne nous concerne guère, Laurendeau est demeuré le témoin à la fois fervent et ironique des vieilles fidélités.

Je ne crois pas m'avancer beaucoup en affirmant que le tempérament de Laurendeau ne relevait pas d'abord de la politique ni même du journalisme, mais de l'esthétique. Ses prédilections d'adolescent allaient à la musique; dans sa maturité, il a écrit des pièces de théâtre, un roman, des souvenirs. Quelques préludes ou quelques morceaux littéraires ne constituent pas une grande œuvre; ce qui, en l'occurrence, n'est pas important. Voyons-y d'abord une façon, pour l'intellectuel, d'être ailleurs que sur la place publique. À partir de cette distance entretenue avec soin, Laurendeau aura joué le rôle politique que l'on sait: chef de parti, coprésident de la Commission sur le bilinguisme et le biculturalisme, commentateur attentif de l'événement. C'est ce décalage qui faisait sa manière toute particulière d'aborder les problèmes de la Cité. Alors, comment cerner l'attitude qui caractérisait foncièrement cet intellectuel? Je dirai que c'était le passage de l'esthétique au souci éthique. L'éthique est en deçà et au-delà des positions affirmées que l'on doit adopter par ailleurs. Elle est un effort de discernement des valeurs, une inquiétude quant à leur inachèvement et à leurs compromissions. On en pourrait tirer une définition de l'intellectuel tel que Laurendeau nous en a offert le modèle : se tenir en retrait pour sauvegarder la fragilité des valeurs ; se prêter aux leçons de l'événement et y investir à la fois ses incertitudes et ses convictions. Cet homme demeure à lui seul une interrogation sur le destin de l'intellectuel dans la société présente. On a abondamment parlé du silence des intellectuels québécois au cours des années 1980. Ce désistement serait-il dû, comme on l'a répété avec amertume ou ironie, à la victoire du *non* au référendum de 1980 sur la souveraineté du Québec ? Si c'était vrai, il faudrait en conclure à l'échec d'une propagande orchestrée par les intellectuels. Ce qui me paraît pour le moins abusif.

La mutation du Québec contemporain remonte à l'après-guerre ; de 1945 à 1960, des changements ont été amorcés bien avant qu'interviennent les transformations des structures politiques. La plupart des grands projets mis en route dans les années 1960 ont été imaginés au cours de cette période, et par des intellectuels plutôt que par des hommes politiques. De plus, la mutation s'est avant tout produite dans les mœurs, pour se poursuivre au grand jour après 1960, et avec beaucoup plus de répercussions que dans la sphère politique. En somme, il s'est agi d'une révolution mentale ; de sorte que les intellectuels y ont puisé naturellement matière à leur travail. D'autant plus que l'expansion des médias et des institutions d'enseignement, l'apparition d'une foule de gestionnaires en tous genres ont permis une floraison d'idées et d'idéologies que nous n'avions jamais connue dans le passé. Qu'est-il arrivé par la suite, et qui explique le changement de climat et le relatif retrait des intellectuels ?

Ici comme ailleurs en Occident, l'idéologie néolibérale a ramené les projets sociaux à l'administration tranquille. L'obsession de l'économie, qui n'est pas sans raison, a constitué une sorte de nouvelle phase de la sécularisation ; au

déclin des interprétations religieuses traditionnelles a succédé
la disqualification des clercs laïcs. Les intellectuels ont une
certaine parenté avec les théologiens : leur pensée est
utopique, dans le sens positif du terme, bien entendu ; ils
conçoivent mal qu'une société puisse vivre pleinement en se
contentant d'entretenir le bon fonctionnement de ses rouages.
Cela ne va pas sans une conception de la politique où le
projet l'emporte sur la gestion, la discussion sur les sondages.

Ne nous étonnons pas que, dans ce nouveau contexte, ait
surgi un magistère jusqu'alors effacé : celui des hommes
d'affaires, maintenant francophones en grand nombre. On
l'aura vérifié à plusieurs signes. Il y a quelques années, le
rapport public paru sous le nom de M. Paul Gobeil a été
l'œuvre de chefs d'entreprises qui ont établi, et sans abuser
de l'analyse, la liste des institutions québécoises à supprimer
ou à amputer. Beaucoup de ces institutions étaient de
caractère culturel, concernaient de près les intellectuels.
Ceux-ci ont passé la main sans trop protester, comme l'avait
fait le clergé envers eux. Par après, ce sont des chefs
d'entreprises qui ont pris la tête du mouvement pour un
financement accru des universités. À cette occasion, ils
n'ont pas manqué de nous tracer des voies d'avenir où la
technologie et les modes de gestion occupaient parfois toute
la place. Je ne sache pas que, cette fois encore, beaucoup
d'intellectuels se soient insurgés devant ce clergé de récente
obédience.

Ajoutons que la *classe* des intellectuels s'est elle-même
scindée. Plusieurs sont devenus des gestionnaires, par un
goût singulier du pouvoir qu'ils critiquaient naguère. Il
serait utile de procéder à une psychanalyse de l'appétit
secret de puissance qui hante les intellectuels ; je ne m'y
risquerai pas ici. En tout cas, ceux qui ont écarté cet appétit
ou n'ont pas pu le satisfaire sont maintenant relégués dans
le paisible entretien des idées, à l'abri de leurs collègues
qui, dans l'administration, s'occupent des affaires sérieuses.
De quelle légitimité se réclamer pour intervenir dans les
débats publics quand on consacre la meilleure partie de son

temps à l'épistémologie, à l'histoire de la littérature, à la botanique, à la physique, à l'étude de la Nouvelle-France ou à la théologie fondamentale? Je n'ai pas perdu André Laurendeau de vue; dans ce nouveau contexte, que ferait-il, que pourrait-il dire? Laurendeau, je le parie, se réjouirait. Les intellectuels sont mis à l'écart; ce sera bénéfique puisque, et il nous en a donné l'exemple, le travail de l'exil littéraire ou scientifique est la garantie nécessaire de l'engagement. Laurendeau a écrit des pièces de théâtre, un roman au loin de l'événement; nous voici condamnés à faire de même dans nos métiers respectifs. Après tout, ce qui donne à l'intellectuel le droit de s'immiscer dans les débats publics, c'est le métier qu'il pratique à l'écart. Le temps présent a l'avantage de nous en faire souvenir. À partir de là, et pour entendre encore la voix lointaine de Laurendeau, abandonnons à d'autres la tâche d'élaborer les stratégies du pouvoir. Comme lui, c'est l'éthique qui devrait nous préoccuper. L'utilisation du savoir dans nos sociétés, les embarras de la scolarisation, les exigences de la justice: l'urgence est toujours là, aujourd'hui comme hier, de démasquer ce qui se cache sous le cours apparemment assuré de l'histoire et sous les propos des puissances qui l'interprètent. Nous sommes désormais voués à l'événement, comme Laurendeau l'était.

Alors peut recommencer ce que Laurendeau a tenté: contester les idéologies où les sociétés menacent de s'enfermer, qu'elles se réclament de la politique ou de la science; maintenir le cap sur la transcendance sans laquelle il n'est pas de vérité; ne point rompre la solidarité envers le peuple auquel nous appartenons dans sa marche vers un destin incertain. Et, pour garantir cette prétention, travailler à ces œuvres inutiles qui, comme le théâtre et le roman de Laurendeau, démontrent que les sociétés ne sont vivantes que par l'ouverture sur une gratuité dont elles prétendent parfois n'avoir pas besoin.

POST-SCRIPTUM

Des *raisons communes* ? On aura vu que je ne songe aucunement à quelque unanimité des esprits. J'ai assez le goût de la liberté pour me méfier des communs dénominateurs et des partisaneries claironnantes. Je crois cependant qu'une collectivité vigoureuse suppose l'accord des citoyens sur l'existence de problèmes qui dépassent leurs soucis privés et qu'elle exige leur consentement à la délibération démocratique.

J'aurai soutenu avec la même conviction que les raisons communes ainsi entendues nous renvoient à la difficile question des identités collectives. Identités plurielles, comme le montre en particulier la dualité de la nation et de la communauté politique que j'ai tenu à souligner. Identités qui n'excluent ni les différences ni les métissages, qui se modifient face aux défis de l'histoire tout en maintenant ferme l'actualité de la mémoire. Devant les astuces des propagandes et les manœuvres des pouvoirs anonymes, se souvenir de ses allégeances, loin d'être un reste de mentalité archaïque, offre un indispensable recours contre la déperdition de soi et une assurance que l'on peut se donner ensemble des projets d'avenir. Le *village global* que d'aucuns nous prédisent pour bientôt, souhaitons qu'il ne forme pas un immense empire dont nous serions les fourmis plutôt que les citoyens. Évidemment, la référence nationale ou l'appartenance politique ne sont pas les seuls héritages dont nous devons nous préoccuper; je n'exclus pas les autres pour avoir surtout insisté sur ceux-là dans ce petit livre. Des raisons communes pour de *vieux problèmes*? À entendre des dialecticiens arrivés récemment sur notre planète, il suffirait de dater d'avant-hier les opinions qu'on récuse pour se dispenser de ces «longues chaînes de raisons» qu'estimait fort Descartes. Vous avez prononcé le mot *nationalisme*, sans en faire une obsession maladive ni vous incliner devant les patriotes professionnels? Vous soulignez le rôle indispensable de l'État, sans mépriser celui des entrepreneurs ni non plus prendre le premier venu pour un génie des affaires? On vous reporte alors avec condescendance ou mépris aux années 1960 comme si on vous soupçonnait de retard mental. Les problèmes collectifs ne disparaissent pas parce que nous en avons trop parlé; ils subsistent parce que nous ne les avons pas résolus. Ne point céder à la lassitude et les remettre obstinément sur la place publique semblent les devoirs élémentaires de qui ne renonce pas à la réflexion.

Ce parti pris, je ne l'ai pas caché, relève d'abord de l'éthique. La morale n'est pas bien portée, elle non plus. On a tant abusé des principes que le moralisme nous dégoûte. Pourtant, entre le cynisme et l'indifférence, si la morale commençait à nouveau par l'indignation? S'ensuivrait peut-être l'espérance qui, elle, conserve toujours l'heureuse innocence de sa jeunesse.

TABLE

TABLE   255

Typographie et mise en pages :
Les Éditions du Boréal

Ce deuxième tirage a été achevé d'imprimer en mai 1995
sur les presses de AGMV Inc., à Cap-Saint-Ignace, Québec